GESCHICHTEN, SAGEN UND VERTELLSEL

AUS DER UCKERMARK

Gesammelt und aufgeschrieben von Karl-Heinz Waschke

– einige weitere Texte sind von anderen Autoren –

 tredition®

Bibliografische Information der Deutschen Nationalbibliothek:
Die Deutsche Nationalbibliothek verzeichnet diese Publikation in der Deutschen
Nationalbibliografie; detaillierte bibliografische Daten sind im Internet über http://
dnb.d-nb.de abrufbar.

© 2017 Karl-Heinz Waschke

Projektbetreuung: Ka & Jott, Prenzlau

Umschlaggestaltung: Ka & Jott, Prenzlau unter Verwendung einer Vorlage von
Monika Oertel, Berlin

Illustrationen und Titelbild: Regina Libert, Prenzlau

Verlag: tredition GmbH, Hamburg

ISBN Paperback: 978-3-7439-3666-9
ISBN Hardcover: 978-3-7439-3667-6
ISBN E-Book: 978-3-7439-3630-0

INHALT

UM WINDMÜHLEN UND MÜLLER RANKEN SICH BRÄUCHE UND SAGEN

Der legendäre Müller Pumpfuß trat in den seltsamsten Vermummungen auf, und man sagte ihm Hexerei nach. Auch wenn es sie nur noch in recht wenigen Exemplaren gibt. Auf windumspielten Höhen thronend, oft liebevoll restauriert und eigentlich noch intakt, ranken sich nach wie vor erzählens- und erhaltenswerte Bräuche, Historien und Sagen um die Windmühlen und Müller. Im Gegensatz zu den Wassermühlen überschauten die Windmühlen meist das Land oder reckten ihr graues Gebälk vor den Stadttoren in die Höhe. Seit Jahrzehnten ist es still geworden um sie. In einem Vers heißt es:

Die Räder stehen still, sind morsch und bemoost,
die sonst so fröhlich herumgetost,
Dach, Gäng und Fenster alle
in drohendem Verfalle.

Da oder dort sind noch Fragmente zu finden. Ein zerlegter Bock, Stücke von hölzernen Radkränzen, aber auch stolze Mühlen, heute oft umfunktioniert, lassen die einstige Mühlentechnik erahnen. Geschichtliches dazu, wie die Mahlsteine und Mahltröge der Vorzeit, die wendischen Handmühlen, die Tretmühlen bis hin zur Rossmühle als eine Deichselergänzung, finden sich in den Heimatstuben und Museen.

In der Historie ist verbrieft, dass das Mahlgeschäft die Arbeit der Sklaven, Leibeigenen und der Weiber war, eines freien Mannes unwürdig. Bis zum Müller, der als ein „halber Beamter" des Grundherren tätig war, und zum angesehenen Müllermeister in der Gesellschaft war es noch ein langer Weg. Die Mühle selbst ist alt, sehr alt. Schon in der Helgi-Sage berichtet die germanische Edda, dass Helgi auf der Flucht vor Hunding sich nicht anders verbergen konnte, als dass er in die Kleider einer Magd schlüpfte und in der Mühle zu mahlen begann und so als Königssohn seinen Häschern entkommen konnte. Erinnert sei auch daran, dass bereits Abraham seinen Gästen Kuchen aus dem feinsten Mehl backen ließ. Das Manna ward wie Getreide gemahlen.

EIN HEROS DES VOLKES

Durch die Entlegenheit so mancher Mühlen rankten sich naturgemäß schon frühzeitig Sagen um sie. Dazu gehört in der ganzen Uckermark der populäre Müller Pumpfuß, der in den seltsamsten Vermummungen auftrat und „mehr als Brot essen konnte". Eigentlich, so heißt es, hatte er einen gutmütigen Charakter und half bedrängten Kollegen, die ihn als ein übernatürliches Wesen verehrten. Er war ein reiner Hexenmeister, ritt auf Heupferdchen durch die Luft, machte Mäuse und setzte aus einem Nasenloch blasend alle Windmühlen in Bewegung. *Es war einmal ein Mann, der hieß Pumpan. Pumpan hieß er, starke Winde blies er.*

Der Müller Pumpfuß war als der Heros des Landvolkes zu sehen, das sich an seinen Späßen ergötzte. Doch die Gestalt selbst hat eine tiefe mythologische Bedeutung. Denn unschwer ist in ihr der germanische Gott *Wodan* zu erkennen; verwischt zwar durch allerlei christliche Züge. Wie alle Handwerksleute der damaligen Zeit hatten auch die Müller ihre Zünfte und Innungen, in denen besondere Bräuche und Sitten herrschten, die auch streng beachtet wurden. Die Innungsprivilegien des Prenzlauer Gewerkes aus dem Jahre 1747 beinhalten unter anderem auch das Zeremoniell, in das die feierliche Aufnahme als Geselle (Freibursch) festgeschrieben war. Darin heißt es: „Jetzt wird Dir das Schurzfell vorgebunden durch meine Hand. Damit kannst Du reisen durch Stadt und Land. Du sollst helfen, arbeiten Campräder und Wellen. So wird man dich heißen einen Müllergesellen. In Ehren wird es Dir vorgebunden zu Hand. Hüte Dich, dass Dirs nicht abgebunden werde zur Schand. Gott gebe Dir Glück zum Gesellenstand! Damit reis' und arbeit' in manchem Land!"

FEIERABEND ANGEZEIGT

In den Wanderjahren erlebte der Freibursch so manches. Dabei erzählte bereits die Flügelstellung der Mühlen dem Müllergesellen, was dort zu erwarten war. Weithin war die Mühle nicht nur ein Wetterprophet, sondern sie verkündete den Umwohnenden auch Freud und Leid der Müllerfamilie, Arbeits- und Ruhezeit der Mühle. Vier verschiedene Flügelstellungen wurden dazu verwand. Es gab die Freuden-, die Trauer-, die Feierabend- und die Mühlentrauer In der Trauerstellung waren alle vier Flügel auch von der Rückseite der Mühle sichtbar. Sie bildete ein liegendes Kreuz. Trugen die Flügel Fähnchen, so hieß das, im Dorf wird ein Fest gefeiert. War dagegen jemand in der Mühle gestorben, so trat die Trauerstellung. Sie blieb, solange die Leiche über der Erde war. Während des Trauerjahres wurden abends die Mühlen immer wieder in die entsprechende Lage gebracht. Sonst stand sie am Abend in der Feierabendstellung. War die Mühle dagegen überhaupt nicht in Betrieb, dann herrschte Mühlentrauer.

DIE DOCHOWER MÜHLE

Von einem Dorf ist wenigstens noch ein Haus übrig geblieben. Die einstige Dorfstelle wird durch die Lage der Dochower Mühle gekennzeichnet. Verwehtes Leben! Hören wir auf die ganz leisen und verwehenden Klänge aus der Vergangenheit.

In dem Dorf Dochow hat früher ein sehr geiziger Bauer gelebt. Seine Freunde und Feinde nannten ihn den Scheck. Das taten sie, weil er in seinem schwarzen Haar eine weiße Strähne hatte. Sie hatten auch einen Vers auf

ihn gedichtet: „Der Scheck frisst seinen eigenen Dreck!"
So hieß es. Das mochte wahr sein, war aber sicher nicht
nett. Eines Tages sind dem Bauern Scheck durch eine
Krankheit oder sonst etwas gleich drei Kühe auf einmal
gefallen. Was bedeutete dieser Verlust dem geizigen Bau-
ern? Jammernd und klagend ging er durchs Dorf und
erzählte jedem, ob er es hören wollte oder nicht, dass es
mit ihm zu Ende sei. So traf er auf seinem Jammerweg
auch auf einen fremden Mann. Auch dem klagte er sein
Leid. Der Fremde griff, als er alles vernommen hatte,
wortlos in seine Tasche und holte eine Handvoll harter
Taler heraus, bot sie dem Bauern an und sagte: „Ich will
dir armen Mann helfen. Dir das Geld geben, damit du
dir neue Kühe kaufen kannst. Nur – nach fünf Jahren
musst du mir das Geld wiedergeben, sonst wirst du samt
dem Dorf großen Schaden erleiden!"

Diesem Angebot konnte unser Bauer nicht widerste-
hen. Eilig lief er mit dem Geld nach Hause und legte
es zu den übrigen Talern in seiner Lade. Er hätte das
Geld ja gar nicht gebraucht, doch der Geizteufel ließ
ihm keine Ruhe. Als dann nach fünf Jahren die Zeit des
Zurückzahlens herankam, überlegte der Geizkragen,
was wohl am klügsten sei, um die Schuldenzahlung zu
umgehen? Er überlegte sehr angestrengt. Endlich hatte
er es. Er fuhr am Fälligkeitstag nach Prenzlau zu seinem

Vetter. Als er dann gegen Abend nach Hause fuhr, sah er schon von weitem einen hellen Schein am Himmel. Als er weitergefahren war, konnte er ganz deutlich erkennen, dass der Rote Hahn über seinem Dorf stand. Vergebens peitschte er auf seine Pferde ein. Er konnte nichts retten. Als er in Dochow ankam, musste er sehen, dass von allen Häusern nichts mehr, wahrhaftig gar nichts mehr stand. Die Feuersbrunst hatte alles verschlungen. Das Dorf ist auch niemals wieder aufgebaut worden.

Lieder, wie *Es klappert die Mühle am rauschenden Bach* oder *In einem kühlen Grunde, da geht ein Mühlrad* sowie zahlreiche Märchen, Sagen und Geschichten, romantisch verklärt, geheimnisvoll, bösartig oder auch liebevoll menschlich ranken sich um die Wasser- und Windmühlen. So erzählt u. a. ein uraltes nordisches Lied von den Riesentöchtern Fenja und Menja, die dem König Froto in seiner Mühle Grotti Gold, Frieden und Glück mahlen mussten. Das gelang allerdings verständlicherweise nur unvollkommen, zumal die Riesinnen mitsamt der Mühle von dem feindlichen König Myfinger geraubt und auf ein Schiff genommen wurden, um hier Salz zu mahlen. Historiker meinen, dass es sich um eine Form der Handmühlen gehandelt haben müsse. Ähnliche Mühlen sollen nach Aussagen von Mühlenforschern sogar noch im

19. Jahrhundert im Baltikum zum Einsatz gekommen sein. Eine andere Mühle ist die Schiffsmühle. Sie stand auf verankerten Schiffen und wurde durch das fließende Wasser betrieben. Es heißt, sie wurde durch die Römer nach Deutschland gebracht. Bischof Fortunatius von Postiers erwähnt sie im sechsten Jahrhundert mit den Versen „Wasser in Krümmen, gerührt durch unbiegsames Gerinne. Treibet die Mühle, dem Volke Speise zu schaffen."

AKTIVE DIRNEN

Die Wassermühle ist mit Sicherheit aus dem asiatischen Raum ebenfalls von den Römern mit nach Deutschland überbracht worden. Die Bauern ließen ihr Korn in der Mühle vom Müller mahlen. Bezahlt wurde mit einem Teil des Mehls. Die Historie berichtet: „Oft kamen an der Mühle so viele Leute zusammen, dass lange Wartezeiten entstanden. Das nutzten zahlreiche Dirnen aus. Sie versuchten, unter den Wartenden Kundschaft zu finden. Das nahm der einflussreiche Zisterzienserabt Bernhard von Clairvaux im 12. Jahrhundert sogar zum

Anlass, damit zu drohen, die Mühlen schließen zu wollen. Eine harte Last hatten in dieser Epoche nicht nur die Müllerknechte zu tragen, sondern auch die Bauern, die zum Teil in eine harte Fron getrieben wurden, da die Erde, das Wasser und im Nachhinein auch noch der Wind als landesherrlicher Besitz beansprucht wurden. Relativ leicht ging das bei einer Wassermühle, denn der Wasserlauf konnte in jedem Falle gut überwacht werden und bei etwaigem Widerspruch und bei Streitigkeiten, wenn nötig, sogar umgeleitet werden. Doch wer wollte dem Wind vorschreiben, wann, woher und wohin er zu wehen hat? Deshalb, und um sich ein Privileg zu verschaffen, erklärte 1390 der Bischof von Utrecht in Holland kurzerhand den Wind der ganzen Umgebung für sein Eigentum. Mit der Kolonisation und Besiedlung der Ostgebiete wurden zunächst, meist im Schatten der Wälder versteckt, die Wassermühlen eingeführt. Sie, wie auch später die Windmühlen, waren oft Gegenstand von Auseinandersetzungen und Zerwürfnissen zwischen Landes- und Grundherren sowie mit den Städten, denn Mühlen stellten einen echten, messbaren Posten im Etat des Besitzenden dar. So sind die Mühlen in jener Zeit durchaus als ein Politikum anzusehen, das in das gesellschaftliche Leben und wirtschaftliche Geschehen eingriff, und das nicht immer gerade zu Nutz und

Frommen der „kleinen" Leute. Aus der Geschichte ist neben dem Mahlzwang, der die Bürger und Bauern anhielt, ihr Korn nur in einer bestimmten Mühle mahlen zu lassen, auch als das Mitzen bekannt. Eine Kontrolle gab es nicht. So konnte der Müller heimlich von jedem Scheffel (41,66 Kg) eine Metze (4,17 Kg) abstreichen. Auch die gesellschaftliche Stellung des Müllers als ein „halber Beamter" des jeweiligen Grundherrn, dem das Korn umsonst gemahlen wurde, der auch nicht selten seine jungen Hunde, Hühner und Gänse auf dem Mühlenhof aufpäppeln ließ oder auch ältere, ausgediente Haustiere dort unterbrachte sowie die meist abseitige Lage der Mühle, die Vererbbarkeit der Mühle an seine Kinder und andere gewinnträchtige Geschäfte wie das Brotbacken oder auch die Kruggerechtigkeit trugen nicht dazu bei, die vorhandene Zurückhaltung abzubauen und das schon berechtigte Misstrauen zu beseitigen sowie den Ruf des Müllers im Volksmund des Mittelalters zu bessern. In so manchen Schriften und Liedtexten jener Zeit ist er in die Reihe der „unredlichen" Leute, gemeinsam mit den Schneidern und Webern anzutreffen. So ist nachzulesen: Auf einen Müller als Stammbaum pfropft man einen Leineweber und Schneider als Äste. Oder: Müller, Schneider und Weber werden nicht gehenkt, das Handwerk ging sonst aus.

Das Spottlied:

> Der Müller mit der Metze,
> Der Weber mit der Krätze,
> Der Schneider mit der Scher,
> Wo kommen die drei Diebe her?

Es trifft hart, zumal sich sicher unter diesen Ständen überwiegend arbeitsame, ehrliche und ehrenwerte Handwerker mühten, das tägliche Brot für sich und die Familie zu verdienen. Ein Grund für die vielfältigen Sagen, gleichwohl ob in den Wasser- und Windmühlen mit meist unheimlichen Begebenheiten und der Schaffung des Typus *Pumpfuß, Pumphut, Pumphan* in der Person des Müllers, ist wohl auch in der Tatsache zu suchen, dass einst, als die Leitung der Mühlen von Leibeigenen ausgeübt wurde, ein Verbrecher sich der strafenden Gerechtigkeit durch die Flucht in eine Mühle, die schon lange Zeit ein bestimmtes Asylrecht hatte, entziehen konnte. Der *Pumphut*, der bald tolle, aber gutmütige Streiche vollführt oder als unheimlicher Zauberer sein Wesen treibt, zeigt sich in vielen Begebenheiten. So auch in der folgenden.

DER MAHLSTEIN

Ein Müller, der mit seinem Gesellen einen neuen Mahlstein einsetzen wollte, saß zur Mittagszeit vor der Mühle, aß und trank ausgiebig. Da kam ein Müllerbursch vorbei: „Einen schönen guten Tag wünsch ich!" „Den können wir schon brauchen!", sagte der Geselle. „Wir wollen einen neuen Mahlstein einsetzen." Aber der Meister fuhr den fremden Burschen grob an: „Gaff du nicht so herum und lass uns in Ruhe essen." Der Wanderer ging weiter, ohne sich umzudrehen. „Meister", sagte der Geselle, „wenn das der Pumpfuß war?!" „Hör auf mit seinem Geschwätz und lass uns endlich arbeiten!" Sie begannen also, den Mahlstein einzusetzen, aber er wollte und wollte nicht passen. Einmal war er zu groß, dann wieder zu klein. „Der Pumpfuß will uns damit bestimmt strafen, weil du so unfreundlich zu ihm warst!", sagte der Geselle. „Geh, hole ihn zurück", besann sich der Müller. Der Geselle brauchte nicht lange zu laufen, da hatte er den Burschen eingeholt. Er lud ihn ein, zurück zur Mühle zu kommen. Hier spürte er Freundlichkeit und schaute dabei noch einmal genau auf den Mühlstein. Der Müller und sein Geselle begannen wieder mit der Arbeit, und siehe da, der Stein passte.

Das Beil und der wunderbare Hut dieser Sagengestalt, aus dessen Ecken auch die Kugeln nur so fliegen konnten, erinnert an einen germanischen Gott, der in der Gestalt des wilden Jägers in seinem Gefolge auch den Müller aufgenommen hat, andererseits allerdings auch als leibhaftiger Gottseibeiuns das Mitzen bestraft. In einem alten Spruch heißt es: Miss das Korn nur richtig, Ein Pumpfuß guckt zum Dach herein." Sehr oft taucht er als Retter auf, der die bösen Geister bekämpft, die sich in der Mühle niedergelassen haben. Dazu zählen zum Beispiel die elbischen Wesen, die Wassergeister und die bösen Dämonen, die in der Mühle Unfug treiben und den Menschen Schaden zufügen.

BÖSER MÜLLER

Ist die Mühle einmal vernichtet, und das kam damals nicht gerade selten vor, nehmen die *elbischen Geister* sie voll in Besitz. „Niemand konnte sie daraus wieder vertreiben", heißt es im Volksglauben jener Zeit. An gleicher Stelle wurde allerdings auch nie mehr eine neue Mühle errichtet. Andere Sagen lassen den Müller als einen Zauberer erscheinen, der als Sühne für seinen Pakt mit dem

Teufel gestraft wird und nach dem Tode als ein unsteter Geist herumirren muss. Dazu heißt es in einem alten Handwerkerlied: „In jeder Mühle ist bekannt, da haust Kilian, des Teufels Müller nur genannt. Das war, das war ein böser Mann." Insbesondere die Wassermühlen, in Anlage und Verborgenheit, schufen diese Stimmung für das Walten der vielfältigen Geister und öffneten Tür und Tor für Überlagerungen in so manche literarische und historisch echte Begebenheit. So wird berichtet, dass der Brandenburgische Markgraf Eckbert einst in einer einsamen Mühle, abseits von Weg und Steg, ermordet worden sein soll, oder dass nach einem Überfall auf die Rothen-Mühle und der Ermordung aller Bewohner sich das Wasser vom Blut rot gefärbt hätte. Mit der sich weiterentwickelnden Mühlentechnik, der Erleichterung der schweren Tagesarbeit für die Mühlenknechte und -mägde, die sie als ein Geschenk empfanden, wandelte sich auch die Vorstellung von der unheimlichen Rolle der Wassermühle der „segenspendenden" Windmühle zu, die im Gegensatz zur Wassermühle als ein „schutzsicherer" Ort galt. Jene Mühlensagen griffen dergestalt dann auch Themen aus dem Arbeitsbereich sowie der großen Palette menschlicher Wünsche und ihrer Erfüllung auf. Eine der schönsten Sagen dieser Art ist mit Sicherheit die Sage von der Jungfernmühle, die alten Weiblein eine neue Jugend bringt.

GESCHICHTEN AUS DER CASELOWER HEIDE

Am Rande des Uecker-Randow-Kreises und im nörd-
lichsten Teil der Uckermark, umgeben von den Dörfern
Grimme, Caselow, Rossow, Wetzenow, Friedrichshof,
Fahrenwalde und der Feldmark der Stadt Brüssow, liegt
abseits vom Getümmel und der Ruhelosigkeit die Caselo-
wer Heide, die auch heute noch mit ihren alten Baumbe-
ständen, den zahlreichen Schluchten und der sehr idyl-
lisch gelegenen Heidemühle mit dem Mühlenbach und
dem Mühlenweiher ein echtes Kleinod innerhalb der
nordostdeutschen Waldgebiete ist. Hier ist die Natur noch
in Ordnung und gut erhalten. Das sollte auch so bleiben,
genau wie es die alten Erzählungen sind, die einstmals
Pfarrer Peters zum Erhalt für die Nachwelt aufschrieb.

Ganz geheuer ist es überhaupt nicht in der Heide. Ging da an einem wundervollen Juniabend ein Fleischergeselle aus seinem Heimatdorf Caselow nach Wetzenow. Lustig pfiff er ein Liedchen, denn er wollte seiner Liebsten einen Besuch abstatten. Als er auf dem Kreuzweg in der Heide ankam, setzte sich ihm ein kleiner bunter Vogel auf die Schulter und stimmt fröhlich zwitschernd in das Marschlied des Burschen ein. Der hatte seine helle Freude an dem Vögelchen und geht auch ganz sacht weiter, damit er ihn nicht stört. Doch da wird der Vogel plötzlich schwerer und schwerer. Längst ist sein Pfeifen verstummt, er ächzt und stöhnt bloß noch, und der Schweiß rinnt ihm in Strömen von der Stirn. Nichts half, denn der Vogel krallte sich ihm in den Nacken. Fast wäre der junge starke Mann zusammengebrochen unter der unerträglichen Last. Da leuchtet das erste Lichtlein von Wetzenow in der Ferne auf, und nun erst verließ der Uphak den Burschen. Aber er hat erst lange Zeit an der Straße gelegen, ehe er wieder zu Kräften kam.

DER RUHELOSE

In Caselow wohnte einst ein Mann, der hatte seine Ruhe ganz verloren. Jede Nacht musste er einmal nach Bröllin gehen und dort mit einem Stock an die Pforte der kleinen und alten Kirche schlagen. Einmal kam er gerade wieder den Weg von Bröllin zurück, da sah er am Waldrand ein großes Ungeheuer liegen. Erst dachte er, es wäre ein großer Heuhaufen, den er auf seinem Hinweg übersehen hätte. Um das nun alles in dem ungewissen Schimmer der Nacht zu erproben, nahm er seinen Stock und purrte daran herum. Nun richtete sich vor ihm das große Schwarze auf, ein ungeheures Tier, so groß wie ein vollbeladener Erntewagen wurde es und hatte zwei feurige Augen, so rund wie Wagenräder. Das Tier machte große Sprünge, wie wenn es den nächtlichen Wanderer anfallen wollte, und sprang so hoch in die Bäume, deren Äste krachten und splitterten. Es war ganz schaurig. Ein Glück, dass der Mann furchtlos stehenblieb und noch immer betete: Christi Blut und Gerechtigkeit – das ist mein Schmuck und Ehrenkleid. So zog das Ungeheuer endlich seiner Wege und verschwand im düsteren Wald. Von dem Augenblick an hatte der Mann seine Ruhelosigkeit verloren und die Ruhe wiedergefunden.

DIE GLOCKE VON SEELÜBBE

Die kleine Kirche von Seelübbe gehörte vor alter Zeit zum Nonnenkloster in Seehausen. Mit ihrer Glocke steht sie wohl einzig in der Uckermark da. Darüber erzählt man. Vor langer, langer Zeit, als das Dorf und auch die Kirche von den Räubern, die die Mark durchstreiften, zerstört waren, kamen die Bauern wieder ins Dorf. Sie fanden nichts als Ruinen und mussten ihren Unterhalt mühselig durch Fischfang im Uckersee, der noch bis an das Dorf reichte, erwerben.

Eines Tages fanden sie in ihrem Netz ein merkwürdiges Ding. Halb Fisch, halb Mensch. Das war der Seekönig, der sich davon überzeugen wollte, ob die neuen Ansiedler nicht zu viele seiner Untertanen gefangen hätten. Voll Angst und Schrecken ließen die Kolonisten den Seekönig im Netz verwickelt am Ufer liegen, und zwei Tage jammerte und tobte er, ohne sich befreien zu können. Endlich am dritten Tag rief er den Bauern zu, er wolle ihnen alles geben, was sie haben wollten, nur sollten sie ihn befreien, er war schon schier vertrocknet.

Nach langem Hin und Her einigte man sich, dass der Seekönig den Bauern die Felder trocken legen sollte. Und damit man auch wüsste, dass er Wort hielte, sollte er ihnen gleich eine Glocke in die Kirche hängen. Auf der Glocke mussten aber der gekreuzigte Heiland und Johannes und Maria zu sehen sein. Kaum hatte der Seekönig genickt, da kam aus den Fluten des Uckersees das glänzende Haupt einer Glocke hervor, und auch das Kreuz war auf ihr zu sehen. Nun durchschnitt man voller Freude, da der Seekönig die Wahrheit gesprochen hatte, sein fesselndes Netz und mit lautem Platsch, Platsch watschelte er zu den Fluten hinab.

Mit Johlen und Gelächter tobte die Jugend hinter ihm her. „Nan See lop, nan See lop!", riefen sie immerfort. (Daher hat das Dorf seinen Namen.) Das hätten sie nicht tun sollen, denn dicht am Wasser drehte sich der Seekönig drohend um und zog den ärgsten Schreier mit sich in die Tiefe. Nun war große Trauer, und als man die Glocke aufhängen wollte, um sie zum Gedenken zu läuten, entdeckte man, dass der Nix sie doch nicht ganz richtig hatte herstellen können. Wohl war das Kreuz da, aber es fehlte der obere Balken. Wohl waren Maria und Johannes auf der Glocke zu sehen, allein sie kehrten dem Kreuz den Rücken und vom Gekreuzigten selbst fand man keine Spur.

Erst ganz allmählich, im Laufe der Zeit, kamen an der anderen Seite der Glocke seine Füße zum Vorschein, und man sagt, wenn der ganze Körper zu sehen ist, dann hätte der Seekönig seinen Groll fahren lassen, und das Dorf könne vor seinen Heimtücken in Frieden leben. Aber darüber wird wohl noch viel Zeit vergehen.

(Nach Pfarrer Peters)

AN'D GRAWW AN DEN'N LOP UP DE WELT HENWIEST

Grillen von Vadder Wagenknecht for Vadder Lexow Oll Vadder Reisner weer to Graww bröcht word'n. Oll Vadder Lexow un oll Vadder Wagenknecht, de ehr'n Fründ de letzt Ehre andohn hadd'n, stünn'n noch bi den frischen Erdhümpel und drückten sick een poor Tranen ut de Oogen. Se wull'n nich mehr recht fleeten, de Tranen. Das was spät word'n in ehr Lewen, un de ollen Ogen, de so veel seh'n un von dat veele Seh'n so blind un trüw word'n weer'n as 'n poor oll Fensterschiewen, hadd'n all so veel Tranen vergoten. Wo lang was't denn egentlich her, dat se dree – se twei und he, de nu all unner de Erd leg – van den Schulten de Jack vull Släg kregen hadd'n, wil se de Farken un Gössels in sinen Weiten rinjägt hadd'n. De Lüd spräken van achtig Johr, awer se

28

meinten, dat müss't länger hersin; das was all so lang her, de Welt un de Minschen weer'n so anners word'n.

„Jo, Vadder Lexo", säd Vadder Wagenknecht, un de beid Ollen drückten enänner de knökern Hänn'n. „Nu ward dat mit uns woll ook nich lang mehr dur'n! Du büst de negst. Vadder Reisner was de Öllst. Du büst Tweet un ik de Jüngst; un bi uns güng dat ümmer noh dat Öller. Weetst du noch, dunn bi de Släg: oerst Vadder Reisner selig, nohst du und toletzt ik."

„Dat stimmt, Vadder Wagenknecht, jo dat stimmt", nickköppte Vadder Lexow nohdenklich. Sin oll Stimm zitterte grod so as sine welken Hänn' un quiekte as ne öllerhaftig Windfahn.

„Süh", füng Vadder Wagenknecht wedder an. Un bi dat süh sett he sin Gelihrtengesicht up as de segg'n. He het nämlich up sine oll'n Dog dat veele Grübeln, dat „Philosophieren" kreegen, wat towilen männigmol stunn'nlang bi em anhöllt. – „Süh", säd he also, „allens hett sin Ordnung in de Welt. Toerst Vadder Reisner selig, nosten du un to letzt ik. Een's good'n Dags sto ik hier wedder an een frischen Erdhümpel. Awer dunn ganz alleen. Dunn, was dor unnen liggt, Vadder Lexow, dat büst du."

Vadder Lexo nickköppte. He wull ook wat segg'n, awer sin Tung wull towilen nich mehr so, as he wull.

„Süh, allens in de Welt geiht sinen Gang. Wenn du so 'ne Tid lang dor unnen leegen hest, dunn waßt ut dat Graww Gras, du wets't jo, dat lange gröne Kirchhofsgras, worüm Pastor un de Köster sick ümmer in de Hoor ligg'n. Un das Gras, Vadder Lexow, dat büst du!"

Vadder Lexow nickköppte un schwägte.

„Süh, un so is eenmol de Lop van den Welt. Wenn du ne Tid lang ston hest, dunn kümmt ne Koh, den'n Köster sin Koh, de bunt-scheckig, he het se von mi'n Jüngsten köfft, un de Koh frett dat Gras, un, Vadding Lexow – de Koh frett di!"

Vadder Lexow sin Nickköppen und Schüddelköppen wür ümmer nohdenklicher.

„Un süh, allens in de Welt hett sin Tid. Wedder nah 'ne Wil, dunn lett de Koh wat fallen. Worüm ook nich! Dat is jo mischlich. Und wat se fallen lett – Vadder Lexow, dat büst du!"

Vadder Lexow nickköppte un ögt oll Wagenknecht an.

„Un wenn ik dunn min'n Nahmiddagsspazergang mak, un ik seh de Bescherung an'n Weg stohn, je, Vadder Lexow, dunn stoh ik woll still, folg min Hänn'n un denk so in minen Sinn: Vater Lexow, wo hest du di verännert!"

„Jo, Vadder Wagenknecht", kreeg de oll Mann de Sprak wedder, „dat ward dunn woll nich anners sin!"

De poor Würd hörten sick an, as ob de Storm de rostig Windfahne en poormol rümmsmeten hadd. De beiden Oll'n drückten noch eenmol enänner de Hänn'n, smeten eenen letzten Blick up dat frische Graww un krückten sick langsam van'n Kirchhof.

(Nach Paul Remer)

VON PUKS, SCHMIED UND SCHWEINEMIST

In früherer Zeit war die heutige Straße, die durch Dauer führt, eine große, aber eben eine Landstraße gewesen, auf der sich die großen unbeholfenen Fuhrwerke von Stettin nach Berlin hinquälten, auf der sich aber auch von kräftigen Pferden gezogene hochbeladene Frachtwagen und flinke Postkutschen ihren Weg suchten. Es war eben eine stillere Zeit, vielleicht auch eine besinnlichere, in der Romantik des weiten Weges den Reisenden begleitete. In dieser Zeit hatte der Schmied seiner uralten Schmiedewerkstätte genug mit Ausbesserungen an Rädern und Schäden am Eisenwerk zu tun. Manch eine Reisegesellschaft atmete auf, wenn der Kirchturm zu sehen war, und manchem Kutscher fiel ein Stein vom Herzen, wenn die

Schmiede in Sicht kam. Aber auch allerlei merkwürdige Leute sollen der Überlieferung nach beim alten Schmiedemeister aufgetaucht sein. Eines Tages, es war im Hochsommer, geschah Folgendes: Der Meister war allein in der Schmiede, während die Gesellen draußen in der Ernte arbeiteten. Die Luft flirrte ordentlich vor Hitze, während der Schmied kräftig auf das glühende Eisen einhieb. Da steht plötzlich dicht neben dem Schmiedefeuer ein kleiner Mann in einem roten Rock und fängt ganz plötzlich an, zu tanzen. War das mal spaßig anzuschauen! Verwundert hält der Schmied mit seiner Arbeit inne und will den Kleinen näher besehen. Doch schon ist er von dem Feuer weggehüpft und tanzt wie ein Ball auf der Spitze einer Wagendeichsel, die gerade beschlagen werden sollte. Es war nämlich ein Puks, der den Leuten Schabernack bereitet. Doch das wusste der Schmied nicht; denn wieder ging er hin und wieder war der Kleine weg. Jetzt tanzte er auf ein paar Hemden, die die Meisterin zum Trocknen auf eine Leine gehängt hatte. Weil der Kleine so schön zu sehen war, ging der gutmütige Meister ihm nach. Doch wieder war der Puks weg und hopste jetzt auf dem Griff eines großen Schmiedehammers herum. Nun riss den Meister der Geduldsfaden. Mit den Worten: „Danz du un de Düwel up'n Schwiensdreck!" schimpfte der genarrte Schmied und wollte wieder an seine Arbeit gehen. Wie staunte er aber, als tatsächlich neben dem Schmiedefeuer ein Haufen fürchterlich stinkender Schweinemist lag, und überall da, wo der Puks getanzt hatte, war das gleiche. Ihr könnt euch denken, wie die Meisterin geschimpft hat, als sie nach Hause kam und auch die ganze Wäsche so beschmutzt fand. Dabei konnte der Meister noch von Glück sagen, dass das böse Männchen nicht durchs offene Fenster in die Stube gesprungen war.

(Nach Pastor Peters)

HOCHGESANG DES SCHULMEISTERS

Pastor Sydow, der um 1816 in Lübbenow im Amt war, musste damals auch in Wismar predigen. Aus dieser Zeit stammen einige seiner Erinnerungen. „Der Hochgesang" ist eine Kostprobe davon: In Wismar gab es einen alten Schulmeister, einen Schuster, der den Kindern beibrachte, was damals solche Kinder wissen mussten. Dabei hatte er ganz eigenartige Methoden. Am ersten Sonntag, an dem Pastor Sydow da war, ließ er die Kinder singen „Ach bleib mit deiner Gnade". Eine Orgel war nicht vorhanden. Der Schulmeister hätte sie auch nicht spielen können. So musste er vorsingen, und er tat das mit einer normalen Stimme.

Er legte los: „Ach bleib mit deiner Gnade – hajak – bei uns Herr Jesu Christ – hajak –, dass uns hinfort nicht schade – hajak – des bösen Feindes List – hajak – hajak." Und so sang er alle sechs Verse durch.

Pastor Sydow war ein sehr musikalischer Mensch. Er war als armer Junge nach Berlin gekommen und hatte sich durch Singen im Domchor und auch an der Oper verdienen müssen, um so viel zu haben, dass er studieren konnte. Hier in Wismar stutzte er nun nicht schlecht, als der Schulmeister immer „hajak" sang. Doch in der Kirche konnte er ihm nicht dazwischenreden. Er musste sich geduldig alles mit anhören.

Nach der Kirche aber fragte er den Küster. „Aber Meister, was soll denn das bedeuten, dass Sie beim Singen immer ‚hajak' dazwischen rufen?"

Der Küster und Schulmeister stammte aus der Gegend an der mecklenburgischen Grenze. Darum redete er meist Plattdeutsch. Nun, mit seinem Pastor, musste er dann doch Hochdeutsch reden. Und so sagte er: „Herr Pastor", sagte er, „ wir haben keine Orgel, nich."

„Aber was soll das Hajak?"

„Das wäre mein Zwischenspiel!", sagte der Küster.

ANEKDOTEN AUS DER UCKERMARK

EIN TÜCHTIGER KERL

Pastor Hering, der am 11. April 1823 in Bagemühl ganz plötzlich an einem Schlaganfall gestorben war, war in Summe das, was man einen tüchtigen Kerl nennt. Er war eine markante, imponierende Persönlichkeit, dazu ein vollendetes Original. Pastor Stahr aus Wallmow, Pastor Steinbrück aus Wollin bei Penkun und er, Pastor Hering, bildeten ein Kleeblatt. In orthodoxen Kreisen wurde dem noch ein Wörtchen beigefügt. Dessen ungeachtet schmückte der Volksmund sie und insbesondere Hering mit Sagen und Anekdoten aus. Hering wird als ein großer, herkulischer, stark gebauter, von außergewöhnlichem Körperumfang, gewaltiger Kraft und äußerst stimmgewaltiger Mann dargestellt, der sich absolut nicht scheute, die „verlotterte männliche Dorfjugend" in Raison zu halten, gelegentlich, auch in eigener Person, die Nachtpolizei auszuüben. Wenn auch wahr ist, dass Pastor Hering dem Bachus mehr als notwendig huldigte, so war er doch ein Kanzelredner, der seine Zuhörer bis zum Weinen erschüttern konnte. Die Anekdoten um Pastor Hering sind klassische Proben des Volkswitzes. Auch der Respekt um den tüchtigen Kerl kommt in ihnen zum Ausdruck, und so verdienen sie es daher, aus der Vergangenheit gerissen zu werden.

Einst musste Hering mit seinem Fuhrwerk die Mecklen-
burger Grenze passieren. Vor dem Schlagbaum an der
Zollstation entdeckte der Zolleinnehmer alsbald, dass
Hering fünf Flaschen Wein im Wagen mit sich führte.
Als ihm dafür der höchste Zoll abgefordert wurde, rief
er entrüstet: „Darf man denn nicht einmal Wein zum
Frühstück mitnehmen?" „Sie wollen uns doch nicht ein-
reden, dass Sie fünf Flaschen Wein zu einem Frühstück
trinken!", erwiderte der Beamte. „Verzollt wird nichts",
knurrte Hering. „Christian", wandte er sich an seinen
Kutscher, „zieh auf!" So fuhr er fort, als die Flaschen
entkorkt waren, „die eine ist für dich." Dann goss er
den Inhalt der vier anderen Flaschen ohne zu pausieren
vor den Augen des erstaunten Beamten hinter die weiße
Halsbinde und fuhr lachend davon.

WARUM PASTOR HERING SEINEN SOLO NICHT GEWANN

Als Pastor Hering eines Tages wieder einmal mit seinen Freunden in Wollin beim Solospiel saß, zog ein Gewitter herauf. Stärker und stärker rollte der Donner, aber die Gesellschaft hatte sich so in das Spiel vertieft, dass sie nicht darauf achtete. Eben sagte Hering einen Solo an, da erdröhnte ein schrecklicher Donnerschlag und der Blitzstrahl fuhr mitten durch den Spieltisch. Die Spieler fielen betäubt von den Stühlen, und die Karten flogen bunt durcheinander in alle Winkel des Zimmers. Hering war der erste, der sich aufrappelte. „Schade", sagte er, „wenn der Donnerschlag nicht gekommen wäre, hätte ich meinen Solo gewonnen."

WIE PASTOR HERING VON DER KANZEL IN BRÜSSOW „TRUMPF RAUS" RIEF

An einem ersten Ostertag musste Hering vertretungs-
weise in Brüssow predigen. Schon am Sonnabendnach-
mittag fuhr er hinüber, um mit einigen Bekannten die
gesamte Nacht hindurch bei Trunk und Kartenspiel im
Gasthaus zu sitzen. Es hatte bereits zum Gottesdienst
geläutet, als man sich vom Spieltisch erhob. „Ich bin
doch neugierig", äußerte ein Mitspieler, „wie nun die
Predigt ausfallen wird?" „Wie", entgegnete der Pastor,
„meint ihr, dass ich jetzt nicht predigen könne? Noch
auf der Kanzel werde ich ‚Trumpf raus!' rufen, ohne
dass jemand daran Anstoß nimmt." Das wollten seine
Spielgenossen nicht glauben. So wurde eine Wette abge-
schlossen. Als nun Hering die Kanzel bestiegen hatte, las
er wie üblich erst den Ostertext aus der Bibel vor. Dann
donnerte er mit gewaltiger Stimme: „Trumpf raus!" und
abermals „Trumpf raus!" und nochmals „Trumpf raus!
So, meine Lieben, rufen die Gottlosen am Kartentisch.
Wir gläubigen Christen aber jubeln heute: Triumph,
Triumph! Der Herr ist auferstanden!" Selbstverständlich
hatte Hering seine Wette gewonnen.

DIE PLATTDEUTSCHE MUNDART LEBT

Die Vielfalt der plattdeutschen Sprachbilder, die sich über die Jahrhunderte hinweg bis heute im Zusammenleben der Menschen entwickelten, beeindrucken. Alltägliche Situationen werden derb, freudvoll und wohl auch deftig, meist auf den Punkt treffend, be- oder auch umschrieben. Kaum einer kann sich das Schmunzeln verkneifen, ob des blumigen, oftmals auch recht hintergründigen, trockenen Humors. Einige Kostproben von Redensarten, die typisch sind für die Mecklenburger, Vorpommern und durchaus auch für die Uckermärker, finden hier ihren Platz. Sie offenbaren mit ihrem Sinn für Situationskomik und Ironie ganz natürliche Lebensweisheiten, die sich hinter den Sprachbildern verstecken.

DE WITT ZICK

In'n Kalenner stünn Monschien. Dor weer awerst nich väl van to marken. Buten hadd de Wind dat Wort – un wat för eent. De Widenböm stünd'n starr un stief dor, awer de Spitzpappeln an de Weg bögten sich, as wenn se bräken müsst'n. De Wulken jögen öwer de Feller un Bröker, un de Mon künn man af un to 'n korten Blick up de düster Erd schmiet'n. Dorbi weer de Dag so klor un schön west, un de Lüd hadd'n seggt: „Dat Wihnachtsweder ward got!"

Up den gräflichen Stuckerwogen ut Or'ndsee weer'n Köster, Gärtner un Förster na't Stadt föhrt, un Voter Förster hadd unnerwegens Spökgeschicht'n vertellt. Keene en hadd sich grult, Kutscher Friedrich ok nich; denn dat jo hellig Dag west. Nu weert Nacht, balkendüster, un öwerall sehg dat no Spök ut.

Friedrich hadd nog mit de Perd to don, dat se man nich ut de Läus[1] keemen; denn de Dreck vör Wihnachten weer echt. De Köster keek ut den groten Mantelkrogen blot mit de Näs' rut un schulte van Sied to de Wiedenböm, de em ok gor to wunnerlich utsehgen. Voter Förster hadd den Vossfellpudel deep in de Ogen, un he hadd den langen griesen Bort unnerknöpt, dormit em de Wind nich und gor verzusen süll. Am schlecht'sten awer güng't den Krutbuck. De seet up de Windsied un hadd man nog to holl'n, dat em de Storm nich fru Gräfin eh'rn Speegel öwer Boord schmeet. De Speegel weer so grot as de Bodden van Muddern ehr Stucktin[2] un hadd'n gold'nen Rohm'n.

Fru Gräfin hadd den Gärtner dissen Speegel up de Seel bund'n, un doröm hadd he em up de Kneen un höl em mit beiden Füst'n fast.

Wenn blot de zackermentsche Wind nich west weer! Eben föhrten se hinner Schönermark in'n Busch rin. De Holtwogens hadd'n den Weg tonicht föhrt, und Friedrich füng an to hotten un to hühen un mit de Pietsch to knappen. De Wind bröllte dörch de Heid.

De Gesellschaft up den Wogen weer unruhig word'n. De Krutbuck keek hinner sinen Speegel rut. De Köster mök 'n langen Hals, un Voter Förster ziepte sich den Bort, wenn he öwer den Ledderboom³ keek. Hier müsst jo de „witt Zick" ball komm'n. De „witt Zick" weer 'n wunnerlichen Bom, ut den sin Wörter fief Stämm rut-wussen weer'n. Van dissen Bom hadd de Förster hüt Vörmiddag grulig Spökgeschichten vertellt.

Twischen den fief Stämm süll obends ümmer 'n witt Zick stohn, wat he sülbst al sehn hadd. Doröm keken uns Lüd, Friedrich ok, mit son'n bang Ogen no de rechter Sied hen. Friedrich hadd awerst leewerts no de Perd kieken süllt; denn de hadden richtig den Wogen ut de Läus' treckt un seeten nu fast, un dor hülp nu keen Hühen und Hotten mehr.

„Na, dat helpt nu nich", säd Friedrich, „nu man ran an'n Bass! Nu müdd'n wi run un schuwen!"

All steegens no de linker Sied runn, Friedrich ok; denn rechts stünn de Spökboom. De Gärtner bröcht awer doch erst sinen gräflichen Speegel in Seekerheit un läd em sacht an de Erd – awer 'n bäten vör, dormit he man jonich to Schaden keem. Un nu güng't los!

Dat wer 'n Stück Arbeit west. Stäwel un Händ'n, bi Friedrich ook de Strump, denn de hadd dorbi den eenen Holtschoh verlor'n, weeren vull Dreck un Lehm. Nu stünd'n se dor un pust'n. Den Spök hadd'n se ganz vergäten. – Dor keem mit ees de hell Mon dörch de Wulken rut. De veer Kerls keeken mit'n Ruck no den Bom. Wat was dat?

Midd'n twischen de fief Stämm stünn de witt Zick! Se stünn dor awer nich still, nä se maracht[4] rümher as unklok un trampst'n mit de Föt un steeg piel[5] to Hücht! Eenen Ogenblick stünn all's bummsstill. Dunn awer reet de Gesellschaft ut, un de Förster weer de erster, de öwer den gold'n Speegel löp. „Knick, knack", säd de Speegel, un „knick, knack!" säd he ok, as Köster un Gärtner öwer em weglöpen! As awer Friedrich mit sinen eenen Holtschoh keem, säd he gornischt mehr. – Männ'gmol[6] hebb'n derer Minschenverstand. De beiden Perd den leddigen Wogen hinner de Kerls her. As Friedrich nu nich mehr japsen künn, löt he den Wogen rankomm'n, steeg up un holte mit de Tied den Krutbuck in; denn de weer stohn bleewen un wunnerwarkte öwer den Gold'nen Speegel.

„Kumm un kiek di nich erst lang üm", säd Friedrich. „Köster un Förster sind nu woll all to Hus!"

Den anderen Morgen stünn in aller Harrgotsfrüh de Jägerbursch bi den gold'nen Speegel un högte sich. Noher güng he no den Spökboom, nehm den langen witten Lappen dor af un stök em unner de Jopp.

Anm.:

1. Geleise, Wagenspur

2. Waschwanne

3. Leiterbaum

4. tobte herum

5. senkrecht

6. manchmal

Min Frünn Olaf fröcht, ob ik sin Breef bekommen heff?

„Nee", seeg ik. „Dat heff ik nich."

„Ik wull di vertell'n, dat vor välen Hunnert Johr'n de brav Minsch in de Gägend üm Angermünn ümmertau von Roewers oewerfall'n wür. Wer sin Gaut nich hett awgäben wull'n, dem sengten de Roewers väl Prögel oewer, so sehr de Koopmann orrer Buer ok schreechen ded. Se schlägen to." Olaf schwicht een Moment un grübelt, dunn lacht he up un röppt: „Dat is wie hüt. Dienk an de doemlich Fragerie an't Telefon, bloot hüüt hebb'n de Roewers anner Näm."

„Sal' ik di Näm uptell'n?", fröch ik.

„Ne", seggt Olaf, „gifft blott Striet met de Ätwokaten, dat weet ik ut dem Radio."

„Ik harr ook wat foer di", segg ik un giff em een oll Book von de Felskirch bi Prenzlau in de Hänn. „Dor steiht, wo een Schatz liggt", vertell ik.

„Dat geheim Book möckt mi nieglich!", rööp Olaf. „Gohn wi to min Auto roewer un föhrn glicks nach de Kirch un kieken no!"

„Is goot", seeg ik. Wi loopen tum Parkplatz un ik stieg in Olaf sin Auto. Wi föhrn af.

Worüm weer mi blot so kolt? Ik schnapp mi min Jack un treck se öwer. Olaf hett in't Twischentied de Schlötel foer de Kirch holt. As he de Doer upschlött, schliekt he sacht de Trepp runner un rööpt no mi. Ik goh hinnerher un glöw allwerer, dat Olaf sülwst voer'n Düwel keen Bang nich hett. He hull mi in Draw. „Loot uns erst no dem Schatz söken." Ook dat Licht hett he nich vergäten! Nu höllt he een Fackel hoch. De Flamm danzt voer sin Näs rüm un groot Spinnweg luert up uns. „Hir sall een Schatz sin", flüstert Olaf un wi geihn wierer runner in de Keller. De Krypta hett een witt Gewölb, awer sös is all't finster. Deep unnen Doer. Dahinner sin Särch!

„Wat is dat?", fröch ik em. Wi stohn dor un kieken uns an. „Liggt dor enn Geripp an de Wann?"

Met eens fing wat an to kloppen un to roetteln. Min Hart blifft foer Schreck stohn un in min Buk geiht dat rund.

Olaf kreeg dat ook met de Angst to don, he rööpt: „Bloot wech!" Olaf treckt den Hinnern in un ik rööp: „Töw mol, Olaf blief bie mi!" Mi is nich goot, erst as ik de annern Lüd up de Strot seh, geiht mi dat got. Olaf steiht biet Auto un is blass in't Gesicht.

„Dat weer keen Scherz, dat wer'n Deerers, glöw ik", seggt he. Ik wull nich weten, wat foer Dote orrer Deerers dat west sin, ik wull bloot wech. Foer hüt hew ik genog. Wat weer dat blot foer'n uprägend Dag.

HERBST

Heinrich Jordan

Der Herbst ist hier im ganzen Land,
man mag es gar nicht glauben;
im Norden sind die Bäume kahl
im Süden hängen Trauben.
Der Mensch an sich ist überrascht,
die Sonne ist vorüber - - -.
Kaum hat man sich an sie gewöhnt,
da ist sie gleich hinüber.
Man träumte grad vom letzten Bad,
da heizt man schon den Ofen.
So ist er halt der Weltenlauf,
wenn wir ihn selbst erleben.

WERRER TRABBEL MIT DE STERN

Regina Libert

Mi höcht, dat ik to fröh up Erde koem. Ik mien nich dat Johrhunnert, ik mien de Mond. Up dütsch heet dat „Monat". Min Sünn steiht nich in't Widder, wo se het hinsallen, se steit in't Fische. Dodörch hebb ik keen Vördeel. Denn de Widder harr väl Pauer un Döörchsetzungslean för sin Minschen. Bie de Fisch is dat Geföhl an't eerst Stell, he is sensibel. Jo, nu harrn bie mi de Fisch dat Seggen, de sich bloot to gern verstäken.

Kann sin, dat de Bilder von de Sterns ju nich so väl vertell'n, as mi, ower dat is för mi grod wichtig! Ik heff väl Empathie, ik glöw, dat heet minschenfröndlich! Jo dat bün ik, ower ik hebb ook vier rückläufig Planeten, de mi wat bös andon wull'n. Se trechen mi torüch, wenn ik voer gohn wull!

Wenn dat losgeit, seggt min Mann to mi: „Dink an din rückläufig Planeten!" Wenn dat vörbie is, koem min Läben werrer in't Reech, dorno geiht dat mi glieks good. De Sternbild sin in twölben Felder upteilt. In't eerst Feld steit bi mi de Jupiter un de Mond in't Steinbock. Dat seggt wat ower min Kraft un Geföhl ut. Ik häng an't Minschen, de ik leew. Dorno is min Mars neben de Sunn. Dat heet, he mökt mi Ärger. Minschen, de sich wat einbülden don, koen ik nich utholl'n. Ik weet nich, ob ju mi verstohn. Mars heet Striet.

In't Hus von't Wassermann warr'n min Sücht abschwächt, ik söp un drink nich, ower ik späl gärn wat. De Saturn in't Hus de Kommunikation mökt mi allwerrer Trabbel. Ik schläg tau, wenn anner Lüüd min Leewen Schäden andon wull'n. Sall dat mol sin, hebb ik Help von't Jungfru, de zöch mi int Sicherhiet torüch. De Uranus un de Neptun sün mi Gaukler, se gäwen mi de Fantasie för min Kreativität.

Ook de Löw loot mi nich in't Stich. He luert dor buten un brüllt luut, dat de annern Lüüd de Luft wegblifft. Un dat is keen doemlich Tüch. He passt up!

Ower wi Fisch koemen gärn in't Schwarm vorbie, dat mökt os stark. Wie de Fischschwarm in't groote Wooder, de verstäkt sich ook voer de groote Haifisch.

SCHÖN ANNING UN DE RÖWERS

Regina Libert

(Von der uckermärkischen Sage „Die Marienfigur vom Kerkow" habe ich 2003 dieses Theaterstück geschrieben und mit Schülern des Oberstufenzentrums Schwedt zum Schultheaterfest der Uckermärkischen Bühnen Schwedt aufgeführt.)

Dat Stück spält in't 18. Jh. in't Gaststuw „Zum hellen Licht" in Angermünn. De Gaststuw is vull, un de Wirt, den man ook Budiker roopt, säd grad: „Giff mi ees dat Solt röwer, Fru!"

„Hol di dat alleen. Ik heff to doon", seggt se.

„Dat Regal in'n Keller sall man Anning reen moken", rööpt he. Grad as se sich striten, keem een Bursch dörch de Toer un is nich bie Atem.

He seegt: „Gröt die Gott, Wirt, giff mi schnell een Moll, watt heff ik voern Doerst!"

De Wirt fröcht: „Wat is di, du bibberst an't ganz Lief?"

„Ik bibber vör Schreck", seggt he.

„Büst woll den Düwel begägend?", fröcht een Gast.

„Den Düwel nich, noch väl schlimmer, de Röwers", seggt de Handwarksbursch.

„No, wo is dat denn passert?", säd de Wirt un winkt Annig: „Hol bloot de Wien!"

De Bursch vertellt nu: „Ik kumm grod ut Schwedt. De Meister harr mi up't Schlott schickt, ik süll dor wat moken. Den ganzen Dag heff ik dor schuft, un obends, up den Wech no Hus, wull ik den korten Wech öwer'n Galgenbarch gohn. Et wär all'n bäten düster, as ik an't Galgenbarch vörbi keem …", seggt he un drinkt een Schluck. De Wirt un de Gäst hull'n den Atem an, wull'n weten, wat west is.

„Dor spökt et", seggt eener.

„Vör Spök heff ik keen Bang nich, ik heff luut sungen", seggt de Bursch.

„Schwieg still!", rief de Wirt. „Do gohn de Gehängten, de armen Sünder um."

51

„Ach, de sin doter as dot!", mischt sich de Amtmann in.

„Doemlich Tüüch, du büst jo blot besoopen!", rööpt de Wirt torüch. „Lot den Bengel uträden!"

De vertellt nu wierer: „As ik vörbi wull, störten sik twee düster Gesell'n up mi. Düster segg ik ju! Ik nähm min Been in de Hand un bünn rönnt, wat dat Tüüch höllt. De Röwers ümmer hinner mi her, un nu bün ik hier!"

„Hest du bloot twee Röwers sehen? Bloot twee?"

De Bursch nickt: „De hebben schrägen: ‚Holt, Kerl, her met de Moneten!'" Dunn hebben se mi packt un dat Metz an min Kinn holl'n! Dann bin ik wech.

„Vielleicht stäken's nu vör de Toer? Budiker, kiek ees mol no!", rööpt een ängstlich Gast.

Een anner seegt: „Dat Raubgesindel mütt man glatt upluern un den Hals ümdrehen!"

„Dato hebben ji väl to väl bang", seggt nu Anning, de den Wien bracht het.

„Nu kiek ees ‚Schön Anning'", rööpen de Lüüd in't Gaststuw, un een meent: „Wo du so motich bist, gei no buten un bekiek di de Röwers."

De Wirt rööp ärgerlich: „Nee, nee, se blifft hie!"

Een Jast hull se fest: „Awer ik giff eer 100 Daler för't Utsteuer, wenn se tum Galgenberch geit."

„Schriewer Karl, ik glöw dat nich, so väl Moneten? Dat schön Jild!", mischt sich de Wirt ein.

„Abmookt!", seggt Anning un geiht.

Se keem im Düstern bi de Röwers an. De sitten biem't Späl um't Feier un roopen sich wat to: „Rek roewer!", de Eerst. „Luer mol, ik mücht noch ees!", de Tweet. „Wenn ji mogeln don, rach ik ju eent oewer't Krütz!", de Dreet. „Nee, ik wier noch an de Reich, giff her!", rööt de Veert. „Aver ik bin dran – giff mi de Kart her!" – „Ne dat is mine!" – „Töw man, de Fiefe un de Sösst."

Alle schrechen dörcheinanner, bis de Hauptmann keem. De het sin Perd an een Boom bunnen. Met ees horcht he: „Still, wat wär dat?" Anning schleech lies hen, bünn dat Perd af, hüppt rup un keem so good an't Stadtdor. Dree Röwers loopen hinnerher un roopen: „Perd is wech!" – „Jild is weech! – „Un de Hauptmann is suer." Dat Mäken wär nu oewerall in de Stadt fiert. Tomal in't Mantelsack, de se awbröcht harr, noch Doles von der Röwers weern.

Der Hauptmann harr nu dovon hört. An een Sünndag, as all Lüüd in de Kirch, keem een groote Kerl in dat Wirtshus Helenlicht.

„Gooden Morgen Jungfer!", seggt he. „Wo sind de annern Gäst?"

Anning antwortet: „Gröt di Gott, Fremder, sünd all in de Kirch. Hüt is doch Sünndag."

„Gift dat hir wat Goods to drinken?"

„Jo, ik kumm glieks, min Herr."

Hauptmann fröch wedder: „Se is wohl de Jingfer ohn Angst un Todel?" Ower Anning hürt nich hen, se fröcht bloot: „Wat mücht de Herr hebben?"

„Oerst de best Rotwein!", seggt he.

Anning jifft de Antwurt: „Dat deit mi leed, de Boddeln sünd all – ik mutt ierst in'n Keller." Eer keem de Sach nich geheuer voer. Se lööp to de Kellertoer, güng ower nich runner, nee se bleew hinner de Doer stohn. Un wohrhaftig, de Frömd keem eer no un lööp de Trepp runner. He verstökt sich in't Düstern. Schön-Anning wart nu Angst un Bang, se schlög de Kellerdoer to un verschloet ehr.

De Fremd rööp ehr to, se sall em rutloten. Anning seggt: „Ik dink nich an."

„Lot mi rut, Wiev, Wiev Hergott, ik wull rut! Verdammich!", schriet he.

Dor erkennt se den Röwerhauptmann. Nu keem he hinner Schlöt un Riegel. Tom Dank dorfoer, dat Schön-Anning de Stadt von't de Röwers befriet harr, kreech se een groode Brututstüer. Dorvon kööp Annig der Kirch in Kerkow een Marienfigur!

Soweit die Sage. Erweitert wurde sie von mir, weil die Jugendlichen, die die Räuber gespielt hatten, nicht einsehen wollten, dass ihr Hauptmann von Schön-Anning ausgeliefert wurde. So habe ich einen anderen Schluss geschrieben:

Während Wirt und Gäste erneut jubeln und Anning hochleben lassen, packt sie ihr Bündel.

Anning hett eer Bündel packt un de Wirt roopt: „Wat, se wull wech? Dat geit nich! Se sall bie mi arbieten. Helpt mi Lüüd, se wull wech!"

He versökt Anning uptohullen. Awer nu hebben de Büttel den Roewerhaupmann ut dem Keller holt un de blifft voer Anning stohn. Bied' bekieken sich. De Lüüd sin all tosammen loopen un de Bursch wunnert sich: „Holt, nee – dat koen nich dat End sin!" De Doer geit up un de Roewers störmen in't Gaststuw. „Help mi Wach!", rööpt lud de Wirt.

„Holl din Mul!", schrieen de Roewers. „Holl din Mul! Verdammich noch ees!", un se befrieen den Roewerhaupmann. Dano het et: „Nüscht as rut!" Een Roewer schlo' den Wirt und de annern de Büttel. Glieks is een wild Prügelei in Gang. „Kumm met, Mäken!", seggt de Roewerhaupmann un trecht Anning no buten. De Wirt will se uphullen, awer de Hauptmann sod: „Hänn wech – nich anfaten, lot se sofot loot!" Nu koemt de Handwerksbursch no voer un lacht: „Jo, so hebb ik mi dat dinkt – Anning un de Roewers!"

GEFLÜGELTE WORTE

„De sak wüll wi up den Grund kamen", seggt de Afkaat und föllt in'n Groben.

„'N Kind ohn Kopp is 'n Krüppel tietlebens."

„Finn't sick alls wedder an", hadd de oll Frau seggt, dor fün se'n hölten Ssarpen (Tüffel) in de Melksupp.

„Armut schändet nicht," säd de Spitzbauw, dunn nehm he den Preester dat Geld und de golden Klock weg.

„Dat treckt sich all torecht", säd de Snider, dun sett't he de Tasch in't Ärmellock.

„Ik möt'n anschlägschen Kopp hemm'n", säd de Jung, dor kreeg he weck an de Ohr'n.

„Man möt allens äten lihren", säd de Jung, un smeert sick botter up'n Pannkoken.

Auf die Frage: „Wie geiht't?" antworten die Mecklenburger: „Bäter as'n Hund; wie koenn uns de Hand gäben; wenn die Hun'n sick begegnen, rüken se sik an Orsch."

„Alles mit Maßen", säd de Snider, dor prügelt he sin Frau mit de Äl.

Und in Gefahr ruft de Frau: „Kinner bääd't Vadder wull stählen!" Wobei offen bleibt, ob sie Gott bitten sollen, es zu verhüten oder um gutes Gelingen fleht.

Viele Redensarten, wie sie Dr. Edith Krull in einem Beitrag „Schöpfe- Volkssprache" festhält, zeichnen in einfachen Worten und Satzbildungen Situationen und Handlungsweisen nach, erläutern Ortsbestimmungen, geben Auffassungen, Überlegungen und auch Stimmungen wieder, die in unserer gängigen Schriftsprache zum Teil mehr als anstößig aufgenommen würden.

Da sagt die Mutter zu ihrem Kind: „Liebling gah sitten!" Liebling setzte sich nämlich nicht gleich. Liebling geht und setzt sich, denn sie ist langsam und bedächtig, wie Mecklenburger sein müssen.

Und Grotvadder setzt sich auch nicht die Brille auf. „Ne, he sett't sick de Brill up de Näs", denn es könnte ja jemand nicht wissen, wohin er seine Brille zu platzieren pflegt.

Von einem abseits liegenden Gehöft heißt es: „Dat liggt dor as wenn't de Adebar dor herscheten hett."

Ist jemand besonders dämlich, sagt man: „De is so dumm, de weet gor nich, wo de Aap ut schiet."

Und sollte mal ein unversehens abgehendes Lüftchen laut werden, kommt die Entschuldigung: „De wutscht as'n Aal ut der Achterpurt."

Jemand, der sich nicht so recht fürs Heiraten entschließen konnte, meint: „Mi is dat Frigen nan sachten ankamen as den Ossen de Melk".

Ganz natürlich wird von jemandem gesagt, „he is afnippelt."

Es heißt auch: „Backen, Brugen und Frigen, geröt't nich allemal".

Sprachbilder, die das gesellschaftliche Verhältnis von Arm und Reich konstatieren, gibt es ebenfalls zur Genüge.

„Dat giwt keen Tier, wat'n Minschen so ähnlich süht as de Buer!", hett de Edelmannsfru seggt. Anders: „Ik kann doch nich gägen'n Foder Mess anstinken', säd de Buer, as de Afkaat em toräd't, sinen Gotsherrn to verklagen." Oder: „Et is eenfach seggt: ,Schiet dor man hen – dat sall ok stinken!'" Doch es heißt auch: „Wenn di'n arm Minsch wat schenkt, denn freugen sich de Engel im Himmel."

AUS DEM LEBEN

Die Mehrzahl der Bilder und Vergleiche werden aus den Erfahrungen des ländlichen Lebens genommen", heißt es bei Dr. Edith Krull. „Koh" und „Oss", „Hunn" und „Katt" versteht nicht nur jeder Dörfler. „He süht ut as de Kat wenn't dunnert."

Von einem allzu dünnen Aal heißt es: „Dor kann man jo Lüs mit pitschen." Und als Vergleich für ein großes bartloses Gesicht sagt man: „Dat lett grad, as wenn een mit'n barfsten Noors ut'n Busch kiekt."

Besonders einfach stellt sich in Mecklenburg die Anatomie dar. Der Fuß reicht vom Zeh bis an den Rumpf. Von dort bis zum Hals geht der Magen. Kopp und Noors sind Nord- und Südpol. Damit hat die Anatomie ihre Grenzen erreicht, was noch sinnbildlich dadurch gekennzeichnet wird, dass man jemandes Nacktheit mit „barst bis an den Hals" ausdrückt. Man könnte sicher diese Reihe von Beispielen für die charakterisierende, bildhafte Kraft der Volkssprache weiter fortsetzen.

Doch die Aufzählung hier bewirkt nichts. Dazu sind die Aktivitäten in vielen Vereinen, die sich der Pflege des Brauchtums widmen, dienlicher, damit das einst durch und mit dem Volk Gewachsene nicht in der Versenkung der schnelllebigen Zeit verschwindet.

DIE GESCHICHTE VON PLENEN

Plenen lag einst im Randowtal. Es soll ein kleines Dorf gewesen sein, das nur mit sechs Bauernstellen und einem sehr hartherzigen Ritter besetzt war. Der kannte kein größeres Vergnügen, als seine Untertanen auf alle nur erdenkliche Art zu quälen und zu schinden. Er brachte es sogar so weit, dass schließlich alle Bauern bis auf einen von ihren Höfen gelaufen waren, um irgendwo in der Fremde eine neue Heimat zu suchen. Nur ein älterer Mann blieb trotz aller Quälereien und Strafen, die der Edel-Mann ihm auferlegt hatte, in Plenen.

Eines Tages war dem Ritter ein großes Stück der Ringmauer seiner Burg eingefallen. Unter Flüchen und Schelten holte der Ritter seinen einzigen Untertan, der ihm noch geblieben war, zu der Schadenstelle und befahl ihm unter bösen Drohungen, die schweren Steine in kurzer Zeit wieder aufzusetzen. Dann ritt er zur Jagd. Als er am Nachmittag wiederkam, staunte er nicht schlecht, als er sah, wie der alte Bauer auf zwei schönen starken Pferden arbeitete und schon einen großen Teil des Schadens wieder behoben hatte. Auf die gierige Frage des Ritters, woher er denn die schönen Pferde habe, antwortete der Alte: „Sieh mal Ritter: der rechte Große mit den bösen Augen ist dein Vater. Der Linke mit dem weißen Fleck auf der Stirn, das ist deine Mutter. Und wenn du tot bist, musst du als drittes Pferd vor den beiden hergehen und den Wagen mit ziehen helfen!" Die Wirkung dieser Worte auf den Edelmann war erschreckend. Wie vom Blitz getroffen, fiel derselbe tot zur Erde. Ohne ihn eines Blickes zu würdigen, spannte der Alte seine Pferde aus und jagte sie ins Bruch. Dann ging auch er in die Ferne. Burg und Häuser von Plenen verfielen. Heute weiß kein Mensch mehr, wo das Leben des Dorfes einst pulsierte.

HOFFNUNG

Heinrich Jordan

Irgendwo und Nirgendwo,
das möchte ich gerne wissen,
denn jeder glaubt, er kennt sich aus;
und doch wird er's nicht glauben,
weil viel zu hoch die Traube hängt,
um sie auch zu erreichen.
Drum lern ich auch jeden Tag
und hoff, dass mir's gelinge,
zu erreichen Tag um Tag,
die vielen kleinen Dinge.

EEN SCHÖN ABEND NOCH

Regina Libert

De Wald is schwart awer de Sunn luert hinner de Böm un lot ehr Lachen dörch de Tweig kieken. Ik föhr met min Auto de Streck Templin–Prenzlau bie de Dörpers lang, un früh mi up min Fiererawend. Da löppt up de Strat een Minsch alleen un kiekt sich werrer un werrer um. Oha denk ik, een Anhuller! Sall ik em metnehmen?

As ik noch een jung Mäken wes, bün ik ook öfters mit'n Auto metföhrt. Sogar Lkw harrn anhull'n. Awer damals wes dat all't nich so gefährlich wie hüt. Dor is nie wat passiert. Hüt weer'n doch duernd Lüt oewerfall'n un allwel ümbrunge.

Nu koem ik in de Näh van't Anhuller. He steit un winkt. Ik stopp. He is een jung Mann met schlecht Tähn un he grinst mi an. Ik hol Luft un he het glieks min Dör upmökt. Hüppt glieks up den Sitt in min Auto. Ik kreeg een Schreck un seeg to em: „Wulln Se mi nu awmurxen?"

„Nee", seggt he. „Ik wull no Hus to Mittenwald." Ik verstoh em nich un hör „Mittenalt". Wecker Mittenalt mient he da? He het Mitteloller mient, orrer villicht bloot de Wald? Wat sall ik eem Wald?

Oha, he wull na Prenzlow, dink ik, seggen dau ik eem dat oewer nich. Wi förn un förn. He vertellt von sin Vetter, de wes Soldat in Afghanistan. „He mütt dörch de Minenfeller von de Talliban loopen. Glück het he hebbt", seggt he. „Ik wull ook Soldat warn in Afghanistan, awer ik koen nich an de Waff, bin up dem een Oog blin."

Worüm seegt he mi dat met de Waff? Ik heff süss sülwst voer'n Düwel keen Bang, nu schloddern min Been. De Roewers harrn ook ne Waff un blot een Oog, hebben boben ook een Oogenklapp.

De Seeroewers von de Karibik drogen de Köpp sogar un'n Arm. De harr'n Fransen up de Köpp un an de groot bart. Ik kiek em an, min Angst wart gröter. Wo krig ik nu de jung Kerl hie rut ut min Auto? Sall ik mi een lang Stock söken orrer villicht mit dem Schraubenschlötel em een öwerlang'n? Öwerraschen müt ik em darmet. Min Schlag an de Hals. Schweit steit mi un de Stirn un lööpt an de Näs runner.

Da seggt he to mi: „Kön'n anhull'n, ik wull nu hie rut, rut!" Ik hull an un he stieg ut. „Een schön Awend noch", seggt he un is wech.

WAT EN AS SCHOOLINSPEKTER BELEWEN KANN

Pfarrer Sydow

Dat war ne schöne Tied, as ik noch Schoolinspekter wär. Dor lehrt ik de Lehrers noch anners kennen as hüt, un se mi ook. Von de Schoolkinner will ik gornischt seggen. Dat versteiht jo jedwerer, da hit dat, ik wär'n scharpen Schoolinspekter. Vör den weer'n de Kösters keenen Dag sicher. He kannte all de Koterstieg un Hin'nrümweg in de Dörper, keem Sommer un Winter to Foot. Lies güng de Dör up un he weer dor.

Dat een Johr weer'n bannig heeter Sommer. De Krähgen jappsten up'n Tun, de Scheeperhund'n hechelten, harr'n de Tung ut'n Hals to häng'n un sökten Schatten, un de Schwien wöhlten sich köhle Löcher in de Erd un leegen da as doot. Kort vör'n Aust harr de Sunn een poor Doog so sengt un brennt, dat de Dörppohl gänzlich utdröcht wär.

As de Kinner morgens no de School müssten, stünd'n schwart Gewitter- wulken an'n Himmel. De Jöhr'n dösten man so dörch dat Dörp, schlu-sten an de Häuser lang, dat se man jo an jerer Eck Schatten mitnehmen, denn de Sunn stök noch duller as süss de Doog. Hittferien geew't dunn noch nicht, sie müssten rin in de stickig Schoolstuw. All pusten un all wischtens sich den Schweet von den Vörkopp. Nä wat weer dat ok för'n grülige Hitt.

Und diss Fulheit! De Köster harr all veel erlewt, awer ditt güng öwer Kried un Roodsteen! Keener mücht dat Mul upmoken – he ook nich. De Tied sülvst weer akroot so ful, güng nich von de Stell. Dor, Mina Klüten harr ewen luthals hujöhnt!

Dat Gewitter stünd as'n schwart Wand up den sülwigen Placken. Af un an grummelte dat, as wenn so'n Hund knurrt. De Sunn awer glubte ut so'n glöhnlich Ogen, as wull se Schünen in Brand stecken.

Willem Hühn harr mit de Hand dörch dat Fenster langt, bloß mol to probeer'n, wo heet de Steener weer', un nu holl he sich de Finger an een Ohr'nzippel, so harr he sich verbrannt.

De Köster weer all ganz vertwiefelt. In de erst Stunn harr he doch noch'n poor Antwoord'n kreegen, awer de Rekenstunn weer grood to blödsinnig, keen eenmol wär't richtig. Luter Quatsch weer rutkomen. Dat weer gerod upkommen mit Kilometer un Meter un Centimeter. Hanne Ploog weer darbi blewen, een Meter harr söb'n un'n halwen Szantimeter! Dunn harr ehr de Köster dat all's noch ees ut'nännerpolkt, owschonst sin Tung so drög weer as de Kriedlappen. Rin süll dat in de Köpp!

„Heinrich Westphol, was ist ein Kilometer?" Heinrich müsst sich erst besinn'n, wo he eegentlich weer. Sin bloog Ogen künn he man halw upkriegen. Sin Stirn kreeg föfteihn Schrumpeln, as he endlich rutstammerte: „Twee Pund!" Dunn weer't mit de Kunst un mit de Gedülligkeit ok to End. De Jöhr'n müssten ehr Les'böker vörkriegen un dat Stück würd lest: „Schnee, Hagel, Graupel", awer dor köhlte sich ook keener bi af, un sülbst, as dat bannig Hogel geew, würd't nich anners. Endlich Paus'. Weer ok Tied, se künn'n alltohopen nich mehr den Kopp hochkriegen. Süss weer dat in de Pausen ümmer'n Larm, dat den Schulten sin Hun'n halw verrückt würd un de Kedd rieten deer, as müsst he Ordnung schaffen. Hüt weer in de Paus up'n Schulhof Ruhe.

Et wär keen Laut to hör'n. De Jung'ns hölten den Kopp an de köhle Huswand, un de Mäkens seeten up de Kirchhoffsmuer in'n Schatten van'n Mulbeerboom un weer'n so root as gekookte Krewt. De Paus weer hüt länger, denn se truten de Schoolinspekter nich so richtig, süss ging de oll Kösterklock bannig prik. As de Paus ut weer, winkte de Köster bloß mit de Hand, un de Kinner keemen an de Dör. Dat Gewitter stünd immer noch up den ollen Placken, kum, dat sich de Wand 'n beten höger schowen harr. De Jör'n awer harr'n doch seh'n, dat een poormol 'n gelen Blitz de Wand runtuckt weer. Awer bet fiefuntwintig harr'n se getellt, un dunn weer erst dat Brumm'n in de Fern angohn. Wenn dat runkomm'n deer, würd't woll bannig knostern.

In de letzt Stunn harr'n se Schriewen. De Köster verdeelte de Schriew- böker. Nä wo schweet'ten em de Händ'n, jeret Book kreeg foorts 'n Placken. Dat grote „E" weer an de Reeg. De ganze Siet sull dorvon vull- molt ward'n, un wer denn noch Tied harr, sull den Satz schriewen, de an'n de Wandtofel stünd: „Eisbär auf dem Eise."

„In'n Ies!", sär Ludwig Purr, de an'n köhlen Oben seet un de Ogen noch halbwegs upkreegen künn. Mit de Tied keemens all in Gangen, bloß Bernhard Klütmann müsst den Freden noch ees stör'n: „Herr Stockmann, mich is de Tint indrögt!" De sull bi sienen Nower instippen. De Ferern schroopten un rechten öwer dat Papeer. Süss weer dat still, as in de Kirch. Eenmol sär een Stimm. „Ach mir schwitzt so!" Köster Stockmann lot em schwitzen. He seet up sin Katheder un harr de Hand an'n Kopp.

Den Wördensteg, hinner dat Dörp, geiht 'n Mann in'n schwarten Rock un mit schwarte Hose un mit'n groten witten Strohhood up'n Kopp. An den Schulten sienen Backoben is'n Plumenboom, dor steiht he still un drögt sich den Schweet af, de em von dat Gesicht klackt. Is dat awer ook een Hit un so schwööl, so windstill dorbi. De Fleegen stecken, un de Luft flimmert. He is allermeist fix gohn, hett de Wand, de dor in'n Westen as een Muer steiht, nich trugt. In den Wiedenweg is he meist in'n Schatten gohn. De oll Böm sind'n poor Johr nich kröppt word'n un stohn dicht, awer hier in dem Wiedenweg steiht bloß de Plumenboom, un mit sienen Schatten is dat nich wiet her.

De Schoolinspeckter, denn dat is he, backt dat Hemd an'n Puckel, ümmer werrer müd he sich dat heete un natte Gesicht afdrögen. Möd is he ook, am leewsten mücht he sich hier an den Backoben in dat gröne Krut legen, awer he wull den Schoolmeister hüt öwerraschen, de denkt gewiss nich an so'n Besök bi de Gewitterluft. Bet noher het he em nich affoten künnt, awer dittmol kann't glücken. He kloppt sich den Stoow von de Stewel, drögt sich noch eenmol dat Gesicht aw, geiht de Grenz bet no den Schooster sienen Hoff, glippt öwer de Stroot un steiht nu up den Schoolfloor. He horkt. Keen Lut ist to hör'n. Hinner de Dör is dat müskenstill. „Süll he woll?", denkt de Schoolinspekter, drögt sich schwinn den roden Kopp af un klinkt vörsichtig un lies de Schoolstuwendör up. Een Blick no dat Katheder, de Köster schlöppt; hett den Kopp in de Hand un schlöppt wohrhaftig; de

Gewitterluft hett em övernommen. De Kinner hebb'n erst nüscht markt, sehen den schwarten Kärl nu awer, as he vör ehr steiht. Se will'n, as ehr dat inpremst is, segg'n: „Gott grüße Sie!" De Schoolinspekter awer winkt mit beid Händ'n, se söl'n sitten bliewen, „pscht!" mökt he un leggt den Finger up den Mund. Denn bedüdt he ehr, dat se wiererschriewen söl'n.

Gegen de Dör steiht 'n Stohl, dor sett sich de schwart Gestalt hen. De Mann is willens, dor solang to sitten un to töwen, bet de Köster up sin Katheder upwoken deiht – un wenn't bet Obend duern süll.

Dat Gewitter hett sich doch neeger ranschowen. De Sunn is ewen unner de schwart Wand kropen – as unner een Dook. Düster ward dat.

Dat Schoolhus liggt mit ees in'n Schatten. De Kinner schurrert dat den Puckel run. Ehr is so unheemlich; se moken bang Ogen, no den Schwarten Mann kiekt keener hen, dat wogen se nich, he hett to grulig Ogen mookt.

Up sin Katheder sitt ümmer noch de Köster un schlöppt. De Rekenstunn hett em doch hüt to sehr angreepen. Orrer is dat bloß die Gewitterluft? Dor ward de Schoolstuw fuerhell! De Kinner tucken tohoop, holl'n de Luft an un tell'n: „Een, twee, dree, veer, fief, söß!" Nu bullert dat los, awer glick so ernsthaft, as wenn eener up'n Disch trummelt un seggt: „Munter, munter, munter!" Un grod as der Köster up sin Katheder dat verstohn hett, ritt he de Ogen up! Jo wat denn? Liggt he denn gor nich in sin Bedd? Wo is he denn?

Wi kümmt he överhaupt in de Schoolstuw rin? Un wat söll'n de Kinner hier? Dat is jo all Obend, is al ganz düster. Em geiht de Schreck dörch de Knochen. Süll he den ganze Dag verschlopen hebb'n? Dat weer doch – He kiekt no sien Taschenklock: een Viertel up een! Uem klock twölwen sall de School ut sünd. Wenn de Kinner boß nüscht markt hebb'n! He hett dat Lesbook noch vör sich up dat Katheder to ligg'n. He blärert üm, as wenn he iewrig bi't Lesen is. Denn kiekt he hoch un süht sienen Schoolinspekter up den Stohl an de Dör. Nu is em awer doch, as wenn em eener an't Mul schlogen hett. He wull upspring'n, wull – jo, wat wull he, dat de Mann, dor in sienen schwarten Rock, de Ogen dicht tohett un schlöppt, den Kopp wiet hin'n över. Dat is doch awer – spökt dat nu all bi Doog! Een Blitz! Dat bullert los, awer nu ganz ärgerlich, veel patziger! De Kinner moken groot Ogen, sitten mit ees piel in de Bänker. De Köster kiekt den Schoolinspekter an. De het nüscht markt von Blitz un Donner, süht so tofreden ut, bloß dat em groote Schweetdruppen up de Stärn stohn un von de Näs drüppeln. De Köster rich't sich vörsichtig up, hett den Finger up den Mund, grod so as de schwarte Mann vörher! Up Tehgen geiht he no de Dör, möckt se ganz sacht un lies up. Dunn winkt he de Kinner, möckt „sch" un drauht mit de Fust. Barftbeenig, sacht as de Katten, komen Mäkens un Jung'ns ut de Bank, futschten öwer de Delen, glippten ut de Dör un rut ut dat Schoolhus, Meta Trüllbogens ganz toletzt.

Een'n Blick schmitt de Köster noch up den Schoolinspekter. De hett nüscht markt, schlöppt, den Kopp wiet hin'n öwer, selig un sanft as een Kind. Dunn möckt de Köster vörsichtig de Schooldör to un geiht up Zehgen röwer no sin Stuw, wo sin Frau al mit dat Middag töwt. – – –

De Gewitterwand fegt de Stroot rup! De Stoww wörbelt hoch! Stroh- und Heuhalms fleegen dörch de Luft. De ersten Druppen fallen up dat heete Dach! Bautz! De Wind knallte een Schoolfenster ran. – – –

Dat Gewitter hett sich uttowt. De Regenbogen steiht all an'n Himmel! De Köster kiekt in de Schoolstuw rin. Se is leddig. Dor grient he sich ees, geiht un mookt de Fenster up, dat de frisch Luft rinnlommen künn. No Dingskirchen is de Scholinspekter nich mehr kommen, dat leeg em to sehr ut de Kehr.

LEBENSWEGE

Heinrich Jordan

Ein jeder kämpft für sich allein
in diesem kurzen Leben.
Es könnt um vieles leichter sein,
wenn andern wir davon was geben.

Ein kleines Stück von unserm Herz,
das tauschen wir mit andern,
denn dieses Stück führt uns dahin:
gemeinsam weiter wandern.

DE FOOTBALL HETT 'N DRALL

Karl-Heinz Waschke

Et weer 'n Sünndag. De Sunn stun hoch. Et is bald Middagstied un he, Kurt, het den Bogen ümmer noch nich rut. He wull aver doch so bald wie möglich in de Football-Schölermannschaft. De Sporttrainer het to ehr segg't, se möten öben, öben, öben! Un dat deit he jo nu ook fast jeden Dag. He weer vör sin Öller jo ook schon recht grot, käm no sin Voter. Un de het em gistern ook een' richtigen Football köft, denn dat Speel mit de kleen oll Gummikugel weer jo nu doch nüscht mehr. Dormit künn man jo ook gor nich richtig speelen und scheeten. Doch nu wär aver ook de Schuss schon wedder keen Treffer. De Ball segelte buten am Pfosten der gestreckten Wäschelin vörbi.

„Du kast moken, wat du wist, de mikrige Football hett'n Drall!"

„Een wat, een Football mit'n Drall giwt et nich!" säd de Vater. „Lot mi mol ran. Ik weer di dat mol vörmoken un verklickern." He nähm den Ball, legt em sich torecht, kiekt ees no vörn un ees no unnen. Dunn käm een kräftiger Tritt, gor nich mol to hart, un de Ball suste ab. He flitzte awer nich unner, sondern dicht öwer de Wäsche-lin, dunn öwer den Gortentun, den groten Hof hinwech un ganz fix wierer in Richtung Kökenfenster. Dat weer nich to, de Sunn schien rin un de Mudder trillerte dor vör sich hen. Den Disch het se all got deckt, he gäw een good Bild aw. Grod wull se an't Fenster gohn, üm Vadder un Sohn to ropen.

„Huch!", schree se, dor flög de Football dörch dat Fenster, öwer ehren Kopp hinwech, knallte up den gedeckten Disch un rümte em vullstän- dig aw. Tüften, Fleesch un Soß, Splitter un Scharbeln flögen in de Köken ümher, öwerall leeg un klewt wat, kleckerte allet vull. Et seh'g fürchterlich ut. Een poor Tränen kullerten ut ehr Ogen. Middag giw't hüt nich.

Dat künn'n se buten grot no so hör'n. „Sühst Vadder, heff ik di dat nich segg't, de Ball hett 'n Drall!"

„Jo min Jung, jetzt glöw ik di dat ook. He müt wohl inschoten ward'n", seegt he noch un verdrückt sik in de hinnerste Eck von'n Gorten, wo em hüt keen anner stör'n künn.

EIN UNGEHEUER AM RADBERG

Der Radberg, dicht gelegen beim Dorf Grenz, trägt seit vielen Jahren eine unheimliche und recht schaurige Geschichte mit sich herum. Ein geschehenes Verbrechen soll sich dort in der Schwedenzeit zugetragen haben. Es wird erzählt, damals wollte ein fremder, unbekannter Kaufmann von Grünow aus nach Pommern reisen.

Der Weg dorthin war aber sehr, sehr schlecht und auch kaum begehbar und schon gar nicht befahrbar. Aus diesem Grund hat ein Freund ihm einen Knecht als Begleiter mitgegeben. Doch das war ein schlechter Kerl! Der zögerte nicht lange und erschlug den Kaufmann wegen seines Geldes. Er buddelte und verscharrte ihn dicht am Weg ein. Dann machte er sich auf den Weg nach Prenzlau und ließ sich von den Soldaten anwerben. Erst sehr viel später kam dann aber doch heraus, dass der Kaufmann nicht an seinen Bestimmungsort angekommen war.

Der Freund in Grünow ließ nun wirklich kein Mittel unversucht, um den entlaufenden Knecht wiederzufinden. So konnte er nur unter den Soldaten entdeckt werden. Sein Urteil wurde in der Nähe der Mordstelle vollzogen. Er wurde dort aufs Rad geflochten. Er starb dort eines elenden Todes. Seine Seele fand jedoch absolut keine Ruhe.

Zu allen Tageszeiten und ganz besonders in der Nacht begegnet die ruhelose Seele den Wanderern in der Nähe des Radberges. Es wurde gesagt, dass das Gespenst den Wanderern Geld anbietet. Doch die meisten Leute wissen Bescheid und nehmen es nicht an, denn es war bekannt geworden, dass einmal ein reicher Berliner, der zum Angebot nicht Nein sagen konnte, das Geld annahm, welches ihn das Gespenst anbot. Dem Berliner ist aber die ganze Hand von den Dukaten bis an die Knochen verbrannt. Das Gespenst hat sehr schaurig dazu gelacht. Darum passt auf. Es ist nicht geheuer am Radberg.

ABSOLUT

Heinrich Jordan

Absolut sind Deine Worte,
Absolut steht fest im Raum.
Absolut muss man ertragen.
Absolut versteht man kaum.
Absolut sind diese Worte.
Absolut nur hier am Platz.
Absolut aus der Retorte.
Absolut in Deinem Sinn.
Absolut!
Absoluter geht es kaum.

Was soll ich tun, was soll ich machen,
wenn Absolut mich überfällt?
Wie soll ich ihm entgegenstehen,
wenn Absolut im Griff mich hält?
Absolut die Spitze hält?
Doch weiter vorwärts muss es gehen,
an diesem Absolut vorbei.
Soll mich je einer hier verstehen,
dann ist's mit Absolut vorbei!

IS UNS KADL EEN VERBRECHER

Uns Kadl wär so'n richtigen Schlaks von dreizehn Johr'n, een groter forscher Bengel, un denn ook noch in de schönsten Flegeljohr. As em de Köster ees in Ordnung bringen wull, dunn leegt he sick hellschen int Tüg un red'te möglichst klog. Na de Köster was een ollen Mann, schwack un krank; de künn mit em nischt upstell'n un klogt mi sine Not. Ik goh denn'n annern Dag röwer in de School un bröcht Kadl mit'n Ruhrstock orntlich Moritzen bi un seeg to em: „Karl", seeg ik, „bisher hast du erster gesessen, von heute an bis Ostern wirst du letzter sitzen. Ein solcher Flegel verdient es nicht besser."

Nächten Dag kümmt sin Voter to mi. He trampst up'n Flor gefährlich up, üm mi glick to wiesen, dat he sick nischt gefallen löt. As he in de Stuw rinkäm, bölkt he mi an. „Ik wull man frogen, Herr Paster, is uns Kadl een Verbrecher oder een Scholjung?"

„Als ich gestern in der Schule war", seeg ik, „habe ich ihn noch gesehen. Der Staatsanwalt hat mir auch nichts geschrieben. Also wird er wohl Schuljunge sein."

„Na dat mein ik ook", seegt he. „Wovan sall he denn von de annern Afsits sitzen?"

„Weil er sich gegen den alten, ehrwürdigen Lehrer flegelhaft betragen hat."

„Wat uns Kadl, flegelhaft!", brüllte he. „Nen bessern Jung'n giwwt jo gor nich, un denn ward dat för de Gemein ne düre Rechnung ward'n."

„Wieso denn das?", frög ik.

„Na", seggt he, „wenn he an de annern ranrücken will, denn seggt de Köster ümmer: ‚Kadl', seggt he, ‚du bliewst da sitten.' Na Jungs sind Jungs. He ward doch ümmer an de annern ranrücken wull'n, denn müdden da Schranken bugt ward'n, dat he dat nich kann. Und wat in de Scholstuw bugt ward, dat müdd de Gemein betohlen."

„Ja, das kann denn teuer werden!", seeg ik. „Aber ich möchte auch noch etwas anderes mit Ihnen besprechen, was mir schon lange auf dem Herzen liegt."

„Na wat denn", fröggt he.

„Ja sehen Sie mal", seeg ik. „Sie sind doch hier geboren, waren immer hier gewesen und sind einer von den erfahrenen und verständigen Leuten. Da denke ich, werden Sie mir guten Rat geben können. Ist Ihnen das nicht auch schon aufgefallen, dass unsere jungen Knechte recht roh und ungeschliffen werden?"

„Ich wull dat nich", seggt he. „De reinen Flegels sünd dat upstunns."

„Dabei haben sie einen großen Lohn. Sie haben doch kaum die Hälfte bekommen und mussten noch einmal so viel arbeiten?"

„Just, as Se seggen, so is't! Wenn wi twintig Doler krägen, dat wier all'n groten Lohn. Un hüt? Unner achtzig Dohler deiht dat keener mehr. Un denn de Arbeit! Morgens Klock vier stünn'n wi up'n Schünenflor un döschen nich mit de Maschin as hüt – nä mit'n Döschflegel! Un denn güng dat, bet dat düster würd! Dat holl'n de Bengels jo hüt gor nich mehr ut."

„Un dabei kamen Sie mit ihrem geringen Lohn doch weiter als heute die Bengels mit ihrem großen?"

„Dat wull ik meinen. Wi hadden all wat up de Sporkass, un denn hadden wir all nen langen Gottsdischrock. Oeber hüt? Up de Sporkass hebb'n se nischt, un to Kirchen gohn se in ne korte Jack. Dat müdd allens in'n Krog wannern. För Kledung bliwwt nischt, nischt öwer."

„Un dann betrugen sie sich auf der Straße doch auch noch anständiger als unsere heutigen Knechte und waren auch noch bescheiden und höflich."

„Dat is so. Wenn oll Prester Reinhard de Strot lang käm, hurrjöh, wo flögen uns de Mützen von'n Kopp, dat se mit'n Finger anstöten."

„Und das Schlimmste ist, dass jetzt so großer Mangel an Knechten ist. Da müssen die großen Schuljungen auch mit heran und bei den Bauern die Kühe füttern. Wenn sie so fast den ganzen Tag mit den Knechten zusammen sind, dann lernen sie von denen doch nur Flegelhaftigkeiten."

„Ackerat so ist's."

„Sehen Sie. Ihr Karl füttert doch auch bei Bauer Völker die Kühe und sitzt den ganzen Nachmittag bei den Knechten. Macht sich das nicht auch schon bemerkbar?"

„Ik wull dat nich! Kümmt he nich eh jistern to Hus un seggt nich mol: ‚N'Obend Vater.' – „Na ik heww em glieks nen Denkzettel int Genick gewt. Dunn wüss't he Bescheid!"

„Der alte, kranke Lehrer kann so nicht mit ihm umgehen. Das weiß er, und darum ist er ihm auch so dumm gekommen."

„Nehmen's nich öwel, Herr Paster. Oeber dat is jo gor nich mehr uttokomen mit de Jöhren. Wo! Uns' een müdd sich quälen un denn kommens eenen so? Un denn mit'n Köster. Wo kann sich so'n Jungen dat woo innähmen, dat he gegen den Köster upträden wull. Na – wenn ik no Hus komm, du kast di up wat gefasst moken. Ik ward di de Jack ok ganz erbarmlich utschwenken. – Na denn adjüs ok, Herr Paster!"

EEN TOVÄL

Karl-Heinz Waschke

Wenn dat im Sommer so richtig heet is, de Sunn düchtig up de Erd dolbrennt un de Grashalms dröch Spitzen kreegen un de Aust in vullem Gangen is, dunn kiekt so manch een no boben rup. Mit'n Handrücken wischen se sik den Schweet von dat Gesicht, un dunn stöhnens wol ook manchmool. Wat is dit för'n grülich Hit hüt! So güng dat ook de Kinner. De schlusten de Dörpstroot lang, dorbi hüng de Näs bald up de Erd. Un denn güng't rin in der Schoolstuw. Awer ook hier weer dat nich anners. Se kämen sick vör, as wenn's in'n Backoben seten däden. Ook de Lehrer har sik hüt bannig dienstwidrig antreckt, ohn dat Kulturstrick, in'n dünnet Hemd'n mit bannig korten Ärmel, stünn he vör de Klass. Öfter as süss kiekt he no de Klock, awer de Tied wull un wull nich schneller vergohn. Reken wär in de tweit Stunn dran. Se harr'n dat klee'n Einmaleins dörchnohm. Nu ward't öwt. Immer dürchenander, dunn ward't teilt un nu all wedder dörcheinanner. Kalle Plus güng dat wi'n Möhlrad dörch den Kopp. Doran wär awer ook de Hit schuld, süss weer he nämlich een fixen Jung'n. De Sunn glubschte in de

Schoolstuw rin un de Kinners kregen immer giprige Ogen, se wull'n no buten. De Stunn ward noch mokt, dunn is hier Schluss in de Stuw, dat kann jo keen Minsch utholl'n. He öwerwand't sich. „Hanne – neun mal neun?"

Hanne stünn up, wischte sich de schweetnatten Händ'n an'n Hosen-bod'n aw un' kiekt den Lehrer ut kullrige Oogen an, as wenn he frogen wull: „Worüm grod ik?" Dunn mokte he langsam den Mund up, un dunn käm't ruter: „zweiunachtzig!" Lehrer Marten kreeg n' Schreck. Noch wär all's good gohn, awer nu güng't verquer. „Überlege noch einmal genau!"

Hanne deer dat. He överleecht. Si Oogen treckten sich tosammen un över de Näs stünd'n twee grote Schrumpel.

Lehrer Marten töwt. „Nun?"

Hannes Gesicht weer wedder kloor. – „Zweiundachtzig, Herr Marten."

Lehrer Marten müsst sich setten. De groot Druppen an sin Stirn wull'n grood no un'n sacken, awer he künn se noch erwischen un'n in een Taschensook striken. Hanne trampte mit si'n Been von dat een up dat anner't.

Marten kiekt in de Klass: „Kalle, sage Du uns das!"

Kalle keem ook langsam hoch un segg't dunn: „Een tovääl, Herr Marten!" Dunn set'te he sich wedder up si'n Platz.

DE DRÖGE GRUND

Max Lindow

Twee Bröder harr'n beide een Deern
van ganzen Harten leew un gärn.

Se weeren Fischer. Ohne een Woord
stött een den annern öwer Bord.

Ball hett man dröwer tuscheln hört:
Hier is een Brodermord passert!

Gericht ward holl'n. Der Richter fröggt.
„Ik weert' nich", hett de Broder seggt.

„Weer ik dat, sal de See utdrög'n,
de Bu'r mag dor' mit Ossen plög'n."

De See drögt ut. De Broder lag
verdrunken up dat deepste Flag.

Un nu gestand de Mörder dat
un keem in Prenzlow up dat Rad.

Hüt hitt dree Mielen in de Rund
de Stell in'n Volksmund „Dröge Grund".

DREI AMÜSANTE SCHULGESCHICHTEN
NACH PASTOR SYDOW

Pastor Radtke stammte noch aus dem alten Säkulum, darum wirtschaftete er noch selbst mit seinem alten Knecht Johann. Sein Sohn war auf dem Gymnasium in Prenzlau. Einmal, an einem Sonntag, ging der zu Fuß nach Hause und wollte bis Sonntagabend bei seinen Eltern bleiben. Als er an der Gartenhecke entlang ging, pflügte dort gerade Johann mit drei Pferden. Kaum bekam er den jungen Menschen zu sehen, da fing er auch schon an. „Nun sehen sie junger Herr, jetzt soll ich hier an der Hecke mit drei Pferden pflügen, da muss sich aber doch einer an den Dornen reißen!"

„Ja", sagt der Gymnasiast, „mit drei Pferden geht das hier wohl nicht."

„Ja", sagt da Johann, „warum soll das nicht gehen? Gehen geht alles, was einer will. Man muss bloß einen immer solange ausspannen, dann geht das hier wunderschön mit drei Pferden."

DIE DENKÜBUNG

Es kam eine Verfügung von der Regierung in Potsdam. „In den Schulen sind regelmäßig Denkübungen mit den Kindern zu veranstalten. Euer Hochehrwürden wollen veranlassen, dass in den Ihnen unterstellten Schulen diese Übungen eingeführt werden." Pastor Sydow schickte diese Verfügung an all seine Lehrer. Nach ein paar Wochen dachte er an den alten Küster Kunze in Wismar und daran, wie er die Denkübungen wohl in den Griff gekriegt hat. Er begab sich nach Wismar und fragte ihn. „Nun Meister, stellen Sie mit den Kindern auch Denkübungen an?"

„Jawohl, Herr Pastor", sagte der Küster. „Das machen wir alle Tage."

„Kinder", sagte der Küster, „legt die Tafeln weg." Das geschah. „So", sagte er: „Nun denkt euch was!" Es wurde still. Der Pastor wartete eine Weile und dachte, nun müsste doch bald etwas passieren. Aber es blieb alles still. Als es dem Pastor nun doch zu lange dauerte, fragte er den Küster Kunze: „Was ist denn nun?" – „Nun denken sie sich alle was, Herr Pastor", sagte Küster Kunze. „Ja, was denken sie sich denn?" – „Wo kann ich das denn wissen?", antwortete der Küster. „Aber das kann ich dem

Herrn Pastor sagen, die Kinder haben die Denkübungen immer sehr gern."

KÜSTER KUNZE – EIN DICHTER

Küster Kunze war auch ein großer Dichter. Wenn jemand in Wismar beerdigt wurde, dann schrieb er ein großes Gedicht, und das kam dann mit dem Holzkreuz aufs Grab.

Einmal war auf einem Hof ein Kuhknecht, ein alter Mann, von einem Bullen angegriffen worden, woran er starb. Da schrieb der Küster Kunze ein Gedicht. Nachher konnte man auf dem Kreuz lesen:

> Ach der war 'ne große Plage;
> füttern musst ich alle Tage,
> und zum Dank hast du Bullentier
> meinen Leib zerfleischet mir.
> Und doch will ich es dir danken,
> denn nun gabs kein langes Kranken,
> nur durch dich du Rindvieh du.

Die Leute in Wismar hielten große Stücke von ihrem Küster. Bei all seiner Wunderlichkeit war er ein prächtiger Mann. Er kannte keine Menschen, aber viel Gottesfurcht. Wo Not in das Dorf einkehrte, war auch der Küster Kunze nicht weit. Viele Leute hat er getröstet. Viele, die auf einem schlechten Weg gekommen waren, hat er gestärkt. Als er selbst eingesargt und beerdigt wurde, sagten die Wismarer: „So einen Küster kriegen wir nie wieder."

SPRICHWÖRTER

Holt kolt den Kopp un warm de Poten, denn brukst du nicht tum Dokter lopen.

Jeden Mann een Vogel, den Köster een Bokfinken.

Wenn't Kind verdrunken, ward' Pütten todeckt.

Jung, wettst keen Utred, kriegst Schläg.

Wenn de Kloger nischt hett, de Prohler hett min Dag nischt.

Wat de Buer nich kennt, dat ett he nich.

Rendlichkeit is't halwe Leb'. Frau, hol'n Bessen un feg'n Disch af!

Wenn'n Schnurrer nischt hebb'n soll, verleert he dat Brot ut'n Büdel!

Schwiegermutter is'n Deubel sin Unnerfutter.

Jo, jo, sind schlecht Tieden, de Gäns gohn barft.

Grot Pöler (Pfuhle) drögen ok ut.

Goden Andriewer is besser as'n schlechten Arbeiter.

God toreden helpt.

Tru de Uhl; is ok een Vogel.

Je dicker de Drang, je fetter de Schwien.

Dumm kann de Minsch schon sind, he mütt sich bloß to helpen weten, süss is he nich wert, dat he in Verlegenheit kümmt.

Man wart olt as 'n Koh, un liehrt ümmer noch to.

All Dog is nich Sünndag, sind ok Alldog twischen.

Wat ik nich weet, möckt mi nich heet.

Oll Lüd un klei Kinner red'n de Wohrheit.

Wenn man va'n Deubel red't, is he nich wiet.

Wenn man den Deubel an'd Wand molt, denn kümmt he.

Wer de Wohrheit fiedelt, kriggt eens mit 'n Bass up 'n Kopp.

Wat den eenen sein Uhl, is den annern sein Nachtigall.

Wer wenig nich ehrt, ward öwert Grot nich Herr.

Unkrut vergeiht nich, so kolt is keen Winter.

De Jung'n möt'n wat lehrn, de Ollen möt man ehrn.

To de Nacht krieg'n de Fulen ehr Macht.

Wenn de Deubel de Koh holt, kann he't Kalv ok krieg'n.

Wo Holt haut ward, dor fall'n ok Spöhner.

Een jeder feg vör sin Dör, het jo Dreck jenog dorvör.

Wer't lang het, lött't lang hängen.

Jeder Scheeper kennt sin Schop.

Heg-up hett wat, Frett-up hett nischt.

Is ke Pott so scheef, find't sich ook een Deckel to.

Erst d' Piep in'n Brand, dann d' Perd ut'n Groben.

Wer sich mit Katten afgift, müt't Kratzen verleew nehm.

Wem mi vörher warnt, is min Fründ, wem mi noaher warnt, hett't mi jünnt.

De Buer kann väl, wen he mütt.

'N goden Noawer is besser as 'n schlechten Fründ.

DIES & DAS

WAT MÜDD, DAT MÜDD

Karl-Heinz Waschke

Paul un ok de Franz weer'n, wi man dat so seg'n deit, Grootbuern. Se heb'n väl överstohn, sind awer Fründe geblewen un dat nu ook all een lang Tied. De Höf leegen beid in een hüglig'n Gegend un gor nich wiet voneinanner aw. Siet langer Tied hebb'n beid ook 'n Jagdschien. So föhlten se sik, dat is ook kloor, tosammen mit eer'n Hund'n as groote un kundige Jägers. Dor bleew dunn jo ook so manch Rebhohns Hoas, voß un ok so manch Karnickel up de Streck.

Un grod in dis Tied, de Sommer, drög un hitzig, weer vörbi. De Ernt' weer drin, dor fanden de beid Jägers Tied un treckten mol wedder ees in de Landschaft, kletterten ook de Poor sandig Hügel un krüpligen Hügel rup. Dorbi güng Franz up'n Ruck mit ees de Puste ut. He japste no Luft un stöhnte. „Oh Gott, oh Gott, wat is mit mi denn nu blot los?"

He sackte tosammen. Bumms leeg he twischen dat höge Tüftenkrut. Paul stiefelte eilig to em ran un knöppte em de Jack up. „Mensch Franz, wat is denn mit di? Du wist doch nich?"

Franz röhrte sich nicht, doch schließlich stöhnte he awer doch un seggt mit een mikrigen Stimm: „Mit mi is et ut. Ik müt hier woll starwen!"

„Franz mook keen Quatsch! Holl ut! Ik renn, hol een Wogen un bring di no Hus!", bibberte Paul.

„Ne, ne, ne!", jammerte Franz. Bleew man do, ik künn hier nich alleen starwen. Ik möchte min Mudder doch noch ees sehen un adjö segg'n! Paul, du büst doch een strammer Kerl, nimm mi mol huckepack un trog mi no Hus. Dat geiht doch."

Paul weer een gewitzter, awer ook een gootmütiger Kerl. He wull un künn jo nu ook sinen Fründ nich dissen letzten Wunsch awschlogen. He mookt sich forts ran, hewt em mit an un schleppt em denn so de ganz Streck dörch dat hohe un verfilzte Nudelkrut un den Klee. Wenn he ees een wenig tosammsacken wull, stöhnte Paul hinner em.

„Franz loot nich no! Lot bloot nich no!"

„Ne, ne, ne! Holl du di man goot fast!" So kamen se denn ook up'n Hof.

Een Nachbar, de Paul so jämmerlich up Franz sinen Puckel baumeln säh, keem anjarannt, wull Franz unnerstützen. Doch eh he tofoten künn, weer Paul all runner, stünn dor, geew dem verdutzten Franz eenen leichten Tritt in den Hinnersten un seggt: „Wettst du nu ook, worüm ik di hew schleppen loten?" Franz schnappte immer noch no Luft. He künn blot mit'n Kopp schütteln, stünn, em mit grot Oogen ankiekend, ganz baff dor. „Wettst, wi beid hem nost, kort vör Wiehnachten een Hoas krägen. Ik hew em in een'n dicken Schneehümpel awlegt un inbuddelt. He sollt een Wihnachtsbroten vör min Mudder sin. Bi de Rücktour wull ik 'n mitnehmen. Dor hew ik denn düchtig rümbuddelt. Du häst immer sächt: ‚Deeper, immer deeper!' Häst dorbi ook noch grinst. Dunn ging mi een Licht up. Dit hüt, weer de Awrechnung!" He schmunzelte. Binoh güng de Frünnschaft to enn.

Doch een kleener Ümdrunk, von de Grootmudder inschenkt, kettelte de Fründschaft wedder tosammen.

„Awer dit kümmt mi nich noch ees vör! Dat seeg ik di", nörgelte Franz.

„Prost!"

WINTERTIED

Karl-Heinz Waschke

Wo schön is doch de Wintertied
ut Högen fallen Flucken!
I'n wittet Kleed ligg't Feld un Wied,
In'n Busch de Böhm sich ducken.

De Ird ruht ut von Sommers Möh,
starr liggt fiern de See.
Väl Ruriep deckt in aller Früh,
ok Oeller, Leed un Weh.

Wat is de Sternenhimmel grot
ganz still is dat up Irden.
Un doch bringt se ut eren Schot
een niget, starket Lewen.

DE VERKÖPT DUNNER

Regina Libert

Man vertellt sich: Et is ees voer välen, välen Johr'n west, dor gäw dat in Prenzlau keen Regen. Nu hebben de Lüd üm ehr Lewen bangt, denn ook de Uckersee west all uttrocknet. Dor keem een Koopmann ut Angermün un seggt: „Ik har Glück, ik seech wo ju Gewitter köpen koen. No Angermün müt ju gohn! Angermün is voer sin Gewitter bekannt. Dat koem so: As eenst een schwert Unwäder öwer de Stadt west, dor geihn de Ratsherren up den Kirchturm un kiken, wat dor festmokt is. Dor hett sich een Anker met een Kett an't Gewitter festmokt. De Kett hebben de Kerls abmoken koen, de Anker blief torüch. So het de Stadt nu Angermün."

„Wettst du dat ganz genau?"

„Jo ik hälp juch dat Gewitter to köpen. Kümmt man no Angermün", seggt de Kopmann. De Prenzlower moken dat glicks. Se schicken twee Boten. De drägen eer Anlägen den Ratsherrn von Angermün voer.

De segg'n: „Wunnerbor, wi sünd oewereen, wenn ju uns achtig Doler gifft, voer een lüttet. Een grotet kost hunnert Doler."

„Häbt välen Dank! Met een lüttet Gewitter kommen wi woll'n ierst mol hen. Hie is de Korf dor soll't rin. Ik leeg den Deckel darup, denn kann't nich wech", seegt de een Bot ut Prenzlow.

„Nu loop man, de Hannel is utmokt."

Ower as se vale Kilometer loopen sin, fing dat an to dunnern. „Oha!", seggt de een Bot. Na een Wiel dunnert dat werrer. Se kiken sich an.

„Ik wull met eem spräken", seggt de anner Bot. „Dat weet wat, un wi keemen mit lieren Hänn'n no Prenzlow.

„Nu geiht de Dunner ierst richtig los. Mok doch een kleen Spalt up, dat et'n bäten Luft ktiggt!", spräk de eerst Bot. De anner Bot mocken de Deckeln up. Dor fing dat ierst richtig an to blitzen un to dunnern. Un de beeden Boten roopen: „Rechts rüm! Rechts rüm geiht no Prenzlow!"

ARNDT NIMM!

Dat is nun all lang her, dunn is in Sukow 'n Scheper west, de het Arndt heten. De het eenst schön'n Dags an'n Uckersee sine Schap högt. As he so hinner sin Schap stünn un knütt't 'n por witte Strümp, dunn kümmt de Markgraf von Brandenburg angeräden. De het grad 'n Krieg mit de Pommern hat. He wär besiegt word'n un wull sich nu retten. Dorbi is he an'n Uckersee kom'n, grad an de Stell, wo de Scheper Arndt högte. Nu wull he öwer de Ucker un de Pommern in de Flank fallen. Wo aber öber komm'n?

Da hat em Scheper Arndt 'ne flach Stell wist; dörch is de Markgraf met sine Mannschaft dörchräden. He het de Pommern besiegt, un as he torügg kem, het he den Scheper an de selbe Stell troffen.

He woll'n belohn'n un bot em Geld an, de Scheper aber woll nischt nähm'n. Da het he em frogt, wo he heten deiht.

Da sä de Markgraf dremol: „Arndt, nimm!", un wolle em Geld gäb'n, aber der Scheper het't nich dah'n. Dunn het de Markgraf seggt, denn will he em anners belohn, he het 'n adlig mokt un het em den Nam'n „von Arnim" gäb'n.

Das Arnimsche Wappen sind zwei silberne Balken im roten Felde. Wie die Familie zu diesem Wappen gekommen sein soll, darüber erzählt man sich in der Uckermark weitere Geschichten.

DER MARKGRAF UN DE EIERFRAU

Eenmol ok, dunn stünn der dulle Markgraf up de Oderbrück un kek nach de Isbrück, wo sich Winters dat Is an ehr zerbreckt. Da is von jensit 'n oll Frau kam'n, de harr Eier un Botter in ehr'n Korw. Se seggt: „God'n Dag, un he ok." Dunn drägt he sich üm un fragt, wo se hen wull.

„Nah'n dull'n Markgrafen!", seggt se. Dat ärgert em denn doch, dat se nah'n „dull'n"

Markgrafen wull; he geiht bi ehr ran un nemmt ehr den Kram af.

Dunn müsst se sich ümdrägen, un he schmet ehr de Eier all enteln hinn'n vör.

MARKGRAF UN DE PRESTER IN H.

Een anner Mol is't grod in'n koll'n Winter west, dor kreeg he den Infall, he woll den Prester in H. 'n Schabernack dohn. He let spät abends anspann'n un schlett'te nah H. rut.

Bi'n Prester let he anholl'n. Da word kloppt un ropen. Un endlich het de Prester ja ok upmokt. De Markgraf nödigt em in'n Schledden rin, un heidi ging't, wat de Pär'd lopen künn'n.

As se halw nah Schwedt henwest sind, dunn het he 'n utstieg'n loten, un de Ürester müsst in'n Schlaprock un Pantoffeln to Fot nah Hus gahn.

Eine ganze Reihe von Anekdoten, zum Teil sehr derb, erzählt sich das Volk vom alten Fritz. Eine, die ich in dreierlei Fassung gelesen und auch gehört habe, ist diese.

DE OLLE FRITZ UN ZIETEN IN DE UCKERMARK

Die olle Fritz wull sich öberführ'n, ob dat de oll'n Veteranen ut den Siebenjährigen Krieg wirklich so schlecht ging, as em seggt word'n was. He mokt sich mit Zieten up, un se verkled'ten sich beid. So kam'n se in'n Dörp in de Uckermark. As Abend west is, gahn se beid bi'n Buern up'n Hof un fragen, ob se da öber Nacht bliewen künn'n.

Na un da hebb'n se in'n Pärstall schlapen müsst. Een Bett kregen se öber man. De olle Fritz het sich henleggt, un Zieten müsst hinn'n an de Wand ligg'n. As Lohn, het de Buer seggt, sollen se den annern Morgen Klock dree upstahn un med'n Flegel döschen helpen.

Morgen üm dree kümmt de Buer zum Wecken. Keener rührt sich, se künn'n jo ok doch nich döschen.

Duert nich lang, dunn kümmt de Buer wedder, ditmol öber met'n Halskoppel un schwenkt den irsten, dat was de olle Fritz, orndlich wat rin. He geiht wedder weg. Düster was't noch, un se blewen ligg'n. Fritz seggt, se wull'n sich öber anners henlegg'n, dat he nicht um zweten Mol Schacht kreg. Nun leggt sich de olle Fritz hinn'n hen un Zieten vör. De Buer luert un luert. As keen kümmt, geiht he noch mal hen met de Halskoppel un seggt. „De Vörderste het all mol wat krägen, nu soll de Hinnerste ok wat hebb'n."

So kreeg de olle Fritz tum tweeten Mol wat.

Von dunn an sind se nich wedder bi'n uckermärkischen Buern inkihrt.

Die Geschichte wird auch so erzählt, dass Fritz und Zieten einen Tag lang bei der Gerstenernte geholfen hätten und dass sie erst am zweiten Morgen so unsanft geweckt worden sind. Eine dritte Fassung berichtet, dass es Zieten gewesen wäre, der die Schläge erhielt.

BAUER KIWITT

In een Dörp is mol 'n Buer west, de het Kiwitt heten. De harr 'n Pärd un ne Koh. Daet plögte un bestellte he din Acker so goot un so schlecht as't ging. Dunn was det noch so Mod, det de Buern jeden Abend nah'n Schult'n kam'n müssten, wo se sich Bescheid holten, wat se 'n annern Dag för Arbeit dohn sull'n. Een'n Abend wurd' nu ok bestimmt, dat se 'n annern Dag plögen sullen. Buer Kiwitt nahm sin Pärd un sine Kuh un treckte hen to Feld.

As he anfängt top lögen, flüggt oben, öwer em, 'n Vogel, de röppt ümmer: „Kiwitt, Kiwitt!"

„Prrr!", seggt Kiwitt to sin Gespann. He hölt an, kiekt to nöchten. Da flog de Vogel un rep ümmerto. „Kiwitt, Kiwitt!" Der Bauer wunnert sich. Nanu denkt he, wo kann de Vogel weten, det ik Kiwitt het? He sökt sich 'n Stehn un schmitt nah'n Vogel. As de Stehn runner kümmt, föllt he grad de Koh up'n Kopp, un de weer dot.

Kiwitt spannt ut, lad't sin dot Koh up'n Wogen un föhrt no Hus. Gegen Obend ging he nah'n Schulten un vertellt dem de Geschicht. Nu sind alle Buern tohop ropen word'n un et würd afmokt, det se em dat Fleesch von de Kuh afkopen soll'n; denn wier doch de Schaden

binoh kuriert. Det Fleesch würd he ok all los, bloßig
det Fell bleew öwlig. Det nahm he 'n annern Dag up'n
Wogen un föhrt damet to Stadt. Da was grad Marcht.
He ging an ne Gerberbud ran un fröggt, ob se em nich
det Fell afkopen wull'n.

„Ja", seggt de Gerber, he wull em dree Daler daför
gäb'n. He nemmt nu'n Buern det Fell af, un as he in sin
Tasch langt, um em de dree Dalers gäb'n will, het he
bloßig ee'n in. „Na", seggt he to Buer Kiwitt, denn go
man hen nah mine Fru in de andre Strot, da lot di man
de annern beid Dohlers noch geb'n."

He also hen. He kloppt, öber keener seggt: „Herein!"
Nanu, denkt he, is denn hier keen to Hus? Töwt noch'n
weil un mokt denn de Dör up. Dor süht he, dat de Frau
grad Besök het un het dat Kloppen nich hört. De Nach-
bar, de bi de Frau wier, sprung fix in't Spinn, un de Frau
schlot to.

In dem Ogenblick kümmt ok de Gerber vo'n Marcht.
He wunnert sich, dat de Buer noch dasteiht. „Ja", seggt
Kiwitt, „hier het keener herein seggt!"

De Gerber fragt seine Frau danach, de makt ja ne
Utred. As de Gerber nu Kiwitt de beiden Dolers gäb'n
wull, seggt de, ob he em daför nich det Spinn gäb'n woll.
De Frau seggt ne, se harr da noch Brot in, wat se gistern
backt harr. Na aber de Gerber seggt: „Ja, da tolle Spinn

kann he kriegen." Kiwitt lad't ja nu dat Spinn up'n Wagen un will da met nah Hus föhrn. Unnerwegs röppt de im Spinn Steckender, he soll em doch mol rutloten, he wull em ook hunnert Daler gäb'n.

„Nee", seggt Kiwitt, „ik mak nich up, ik bruk'n schön'n Scheperjung'n", un föhrt wierer.

Nah ne Weil röppt dat tum zweeten Mal: „Mak up, ik gew di zwee-hundert Daler."

„Ne", seggt de Buer, „ik bruk 'n Scheperjung'n." Se för'n noch'n Enn, dunn röppt de in't Spinn zum drüdden Mol.

„He soll ook dreehunnert Daler hebb'n." Na, denkt de Buer, dreehunnert un een'n un noch'n Spinn för dat Fell. Dat is nog. He lött den Gefang'n rut un kümmt in't Dörp torügg.

„Wat hest du denn för't Fell krägen?"

„Dreehunnert un een Daler", seggt he. Da schlohn se all ehr Koh dot un breng'n dat Fell to Stadt, öber keen Mensch will ehr dat Fell afköpen. Schließlich kriegen se't verhandelt met'n Daler för't Stück. Ärgerlich lopen se noh Hus. Kiwitt müt ehr doch wat vörschwindelt hebb'n, un se woll'n em met de Aecksch dotschlahn.

Kiwitt kriggt det öber to weten un seggt to sine Frau: „Schlap du man hüt vör'n." Se deiht dat jo ook, un in de Nacht keem'n de Buern un schlahn de Frau dot. Ihr't

Dag ward, spannt Kiwitt an, sett't sin Frau up'n Wagen un führt met ehr to Stadt.

Vör de Stadt is ne Bud west, wo't Gebäck to köpen gäw, da hat sich'n Graf jeden Morgen sin Gebäck köfft. De Buer kümmt angeföhrt. Bi de Bud höllt he an, fröggt de Frau, de in de Bud sitt, „wat se för de Bud hebb'n will?"

„Hunnert Doler!", seggt se. He gäw ehr dat Geld un se soll schnell mooken, dat se wech kümmt. He sett't nu seine dote Frau up'n Stohl hinnern Ladentisch, binnt ehr Stöcker unner de Arm', dat se sitten künn, un sett't sich in'n Versteck. Et duerte ook nich lang', dunn kümmt der Graf angeföhrt. De Diener stiggt af un wull Gebäck köpen. He röppt de Frau an, öber de mellt sich nich. He löppt nah'n Grafen torügg un seggt em, de Frau wird woll schlopen, se rührt sich nicht.

De Graf seggt, he soll dreemol ropen, wenn se sich dann nich meld't, sall he ehr gegen 'n Kopp schlahn. Dat deit he ok. Schleiht se, dat se von'n Stohl föllt. Da kümmt Kiwitt gelopen; he klag, dat em de Diener seine Frau dotschlohn harr, det will he anzeigen. Na de Graf beruhigt em un gew em seine Kutsch mit veer Rappen. Damet föhrt Kiwitt no Hus. De Buern seh'n em ankomm'n un wunnern sich. Ja seggt he, dat Gespann het he kriggt för sin dote Frau. Dat müchten so nu all gern hebb'n, gohn no Hus un schlohn ehre Frugens un Döchter un ok de Deenstmäkens all dot, un breng'n se to Stadt.

Up'n Marcht werd'n all de doten Frugens beschlagnahmt un de Männer dörchpietscht. Se lopen nach Hus un beratschlagen, wat se mit Kiwitt'n moken will'n. Toletzt beschluten se, se will'n em i'n See schmieten. Se bauen 'n Kasten, da spunn'n se 'n in, legg'n dern Kasten up 'ne Börg', un los.

Unnerwegs seggt Kiwitt ümmer: „Ik sall Bürgermeister wird'n un kann nich schrieb'n un nich lesen; ik sall Bürgermeister wird'n un kann nich schrieb'n un ook nich lesen." De Buern horken: „Nanu?"

Se kam'n an'n Gasthof vörbi. Da gahn se all rin. De Kasten met Kiwitt blift buten stohn. Da rep Kiwitt ümmer: „Ik sall Bürgermeister wird'n, un kann nich schrieb'n un nich lesen!" Det hürt 'n Scheper, de fragt em genauer, un de Buer blift dabi, he sall Bürgermeister wird'n, un kann nich schrieb'n un ok nich lesen. Dat künn nu öber de Scheper.

„Ja", seggt Kiwitt, „denn soll he em man rutloten ut den Kasten un sülwst ringahn."

Dat däd ok de Scheper. He kröp rin un sä dümmer: „Ik sall Bürgermeister wird'n, un kann ok schrieben un lesen!"

„Ja", segg'n de Buern, as se den Kasten wider drag'n, „int Woter sast du rin!" Un se schmieten em it Woter.

As se nach Hus kam'n, sitt Kiwitt up'n Berg met ne grote Hoj' Schaap. Se denken, det geiht nich met rechten Ding'n to un frag'n em, wo he to de Schap kümmt?

„Ut't Water hebb ik se rut holt!", seggt Kiwitt.

He geiht met ehr torügg nah't Water. As se up de Brück stah'n, da spegeln sich de Schap in't Water. „Kiekt", seggt Kiwitt, „Da sind noch so väl Schap!"

„Hm", seegt de Schult, „ik bin doch ümmer woll de Irst west." He springt rin. As he nu met Hänn'n un Been rümangelt, seggt Kiwitt: „Kiekt wo he se sich griept!" Un de Annern all hinnerher. Da sind se all versopen, un Kiwitt nahm seine Schap in't Dörp. Da wier keen Mensch am Leben, bloßig een jung Mäken, de sich unnert Bett verkropen harr. De hett sich Kiwitt heirat't. Un wenn se nich gestorben sind, leb'n se hüt ook noch.

EIN STERN

Heinrich Jordan

Ein Stern scheint durch die Winternacht,
er kommt von sehr weit her.
Er kommt, und die Erinnerung macht,
als ob es gestern wär.
Ein Stern, so weit und doch so nah
für alle dort am Himmel.

Nur wir in uns'rer kleinen Welt
sind mitten im Getümmel.
wir sehen nicht die Ewigkeit,
die dort schon auf uns wartet,
wir irren hin und auch mal her, –
doch wird sich was dran ändern?

DE BADHOS IS WEG

Karl-Heinz Waschke

De Stern stünn hoch. Väl Lüt, jung un olt, nutzten hüt den Sünndag un suchten de Badeanstalt up, üm sich brunbrennen to loten odser ook üm noch ees int ruhige Woter vom Stadtsee to hopsen. Hüt am Sünndag weer'n so ook noch väl Badegäste dor, de all kloor Seewoter noch ees nutzen wull'n. Ook Rudi harr hüt mächtig drängelt. Vater un den Opa mit in't Bad to kregen. Ganz alleen ließ de Mudder ihn, den acht-jährigen Knirps, noch nich in dat Seewasser, dat weer ehr noch to riskannt. Awer hüt harr'n Vater un ok de Opa toseggt, mit hen to gohn. „Passt mi jo up den Jungen up!", harr se noch hinnerher ropen.

„Jo, jo, jo!" Dat weer de Antwort west.

Dat duerte ook nich lang, da tobten se im Woter herüm. De Opa kiekte immer wedder no oben. Un de Gedanken kamen. „Ob ik dat woll ook noch künn?"

„Häst du denn schon ees 'n Koppsprung mookt?", wull de Jung weten.

„Na kloor hef ik dat!", seeg de Opa. He erinnerte sich an die vielen Sprünge. „Nicht nur vom Brett, sondern ook noch vom Turmgeländer, da weer dat ok noch een Meter höher. Da weer immer wat los, dat kann ik di segg'n!"

Rudi kikte em an. „Un wie is dat hüt? Kast du dor hüt ook noch runner springen?"

„Warüm nich!", seggt he. „Dat kann ik ganz sicher noch!"

„Na dat möchte ik seh'n", nickköpte Rudi.

„Mook mol keen Quatsch!", hakte nu de Vater in. „In din Öller brukst du da nich mehr runnerhopsen!"

„He, he, he, ik hopse nich, ik springe! Du häst dat jo woll ni mookt. So'n goden Schwimmer wärst du jo nu ook nich west. Woter wär jo nich so dien Begehr."

„Nun lot dat man un mook keen Quatsch. Ik hew keen Lust di noher ut dat Woter to trecken."

De Opa säh den Springern to un dachte an sin Jugend. Dor ging dat ok vom Sechs-Meter-Turm flott weg. Rup up'n Turm un wedder run. „Ik müt dor noch ees rup", seggt he un marschierte los. Schritt vör Schritt stieg he in de Höh. Er fackelte ook nich lang, mogte sich kasch un sprang mit Bravör run. Er konnte noch springen, dat zeigte er hier. He säh sich jo ook sülbst kort vör dem Intauchen int Woter un künn sehr tofräden sin.

Doch irgendwat stimmt nich. Et is kolt. He klatschte no dem Uptauchen up sin Schenkel un dat Gesäß. He kreeg een bannigen Schreck. He wär nackt, un de Hos wär ook wech. Er tauchte noch ees unner de Tonnen, de den Turm uprecht holl'n. He sah awer nüscht wat etwa sin Badehos sin künn. Nirgendwo bammelte wat, he müt wohl nu so an'n Strand schwimmen, anners geiht dat wohl nich. Beim Uptauchen dor säh he plötzlich sin Enkel un dirigierte em an dat Ufer.

He soll vörher awer sin Vater ook noch an'n Strand hol'n. Beid möt'n dann in't Woter komm'n. „Ik künn doch noklich nich öwern Strand lopen. Grins man nich so!"

„Wett'st Opa de Lüt, de dor in'n warmen Sand liegen, wull'n doch ook een beten wat to grinsen hebb'n!", seggt de Jung un huppt bo de Sit, süss har he wull de kleen Koppnuss awkreegen.

„Wat is dat överhaupt för'n Lappen an dien Stang? Dat sieht so doll ut!"

„Ik glöw, dat is 'n Badhos!", seggt he.

„Un dat verkündest du erst jetzt!"

„Ik hew noch gor nich solang töwt dat sich een meldet. Awer du häst jo ook nich secht, dat dat din Hos sin künn."

DAT PFERDEEI

Regina Libert

Een Buer güng up 'n Prenzlowschen Markt un he weer niegelich an de Verköpstänn.

Mit ees blifft he bi eenen Verköper stohn un kiekt up eenen Kürbis. „Brorer, wat sünd dat foer Dinger dor, de du to 'n Markt bröcht hest?", fröch he den Verköper. „Perdeier!", seggt de.

„Ach du leew Tied! Perdeier? De sünd woll bannig düer?", wunnert sich de Buer.

„Nu, betohlen loten s' sik noch! Kiek, hier hest 'n rotbrun't. Dat gifft 'n gooden Voss un de kost' man blot teihn Dolers."

Dor hest du recht, dat is nich väl!", seggt de Buer un bückt sik un nohm eenen Kürbis up. „Wat mütt ik dormit moken?"

„Sett di hin un bröd se ut", rad em de Verköper. De Buer wunnert sich: „Wo sall dat gohn?"

„Bug di 'n Nest un legg dat Perdei rin, sett di dorup un bröd 't ut. No dree bet veer Wochen kümmt dat Fohlen rut. Du mütst man bloot lang nooch bröden, un dat Nest dorbst nich verloten."

Nu sitt de Buer all hier 'n lang Tied un dat Perd kümmt un kümmt nich rut. „Mit dat Perd ward dat nicks, de Verköper hett die woll oewer't. Ohr haut?", seggt sin Frau. De Buer glöwt dat nich: „I wo, he hett mi seggt, blief sitten, bet dat Perd dor rut is!"

„Ne", seggt de Frau, „is een bannig lang Tied, nu kumm man run von 't Nest un mok din Arbeit!"

„Good", seggt de Buer, „du häst recht, mi is 't all leed. Tom Düwel, he hett mi bedrogen!"

He nähm den Kürbis un schmeet em oewer 'n Tun. Een Voss, de dor schlopen deer, würr upschreckt un lööp weg. De Buer roopt: „Holt, holt! Min Perd, min Perd! Holt, holt."

Recht tief wurzelte im Volke der Glaube an Hausgeister, Kobolde oder Drachen. Was hat es damit für eine Bewandtnis?

Freybe, einer der ersten Forscher auf diesem Gebiet sagt: „Weil der Herd als heilig galt, wurden auf die Einfassung des Kamins geschnitzte Hausgötter aufgestellt. Die Sitte solcher Bildnisse von Hausgeistern währte auch in christlicher Zeit fort, und es wurden jetzt auch Heilige auf der Eisenplatte ausgegossen, welche die Hinterwand der Feuerstätte bekleideten. So fuhr man doch fort, auf dem Kamin allerlei geschnitzte Puppen aufzustellen, statt der früheren Hausgötter."

Wir lächeln wohl über jene Sitte der Vorzeit, ohne zu bedenken, welchen Sittenkern sie birgt, den nämlich, dass der Geist des Hauses vom Herd ausgeht.

So hat jede Sitte ihre vergängliche und unvergängliche Seite, ihren Sittenkern in der Schale, die man heutzutage oft nur darum so wegwerfend behandelt, weil man jenen nicht beachtet. Und was hat das Mittelalter und auch unsere Zeit aus dem kindlich naiven Glauben an die Nacht und den Einfluss der Hausgeister gemacht!

Das segenbringende Heimchen am Herde ist in eine Schreckgestalt verwandelt worden, in einen Kobold, der sich bald als Henne, Hahn, halb als Mann, als Kalb, bald als dreibeiniger Hase zeigt.

Es gibt wohl kaum ein Dorf, in dem nicht eine Familie ist (war), die nach dem Glauben anderer einen Kobold besitzt! Auf dem Boden soll er seinen Aufenthalt haben. Dort hat man ihm eine Kammer abgeteilt, in die man ihm sein Futter, gewöhnlich ein Näpfchen mit Milch, hineingesetzt. Eines Abends ist die Tochter des Hauses mit einer Freundin auf den Boden gegangen, da ist plötzlich ein Hahn vor ihnen aufgesprungen, hat mit den Flügeln geschlagen und so eigenartig gekräht. Eine andere Familie hat den Kobold – die Henne – in der Stube im Spind gehabt. Vor dem Spind ist keine Tür gewesen, und da hat die alte Hexe immer gesessen, wenn Fremde in der Stube waren, und hat den Kobold gescheucht. Oder hast du dir einmal erzählen lassen, wie der Kobold an Kreuzwegen spukt?

Die Erzählungen gleichen sich alle, nur der Ort wechselt. Da hat jemand in der Geisterstunde über einen Kreuzweg gehen müssen. Ehe er an die berüchtigte Stelle kommt, wird's ihm schwer und immer schwerer auf dem Rücken. Kaum vermag er sich vorwärts zu schleppen. Da endlich, der Kreuzweg ist auch überschritten.

Der Mensch atmet erleichtert auf, die Last ist vom Rücken herunter. Und von weitem hört er das höhnische Gelächter und Händeklatschen des Kobolds, den er bis zum Kreuzweg hatte tragen müssen. Anderswo zeigt sich der dreibeinige Hase. In Niederfinow saß er bei einer Frau im Keller und butterte für sie. Der Nachtwächter hat ihn oft gesehen, wenn er auf seinen Gängen mit scheuem Blick ins Kellerfenster hinein sah. Aber der Kobold hat sich nicht stören lassen, sondern nur gerufen: „Er guckt, er guckt!" Zuweilen hat sich der Dreibeinige auch auf der Dorfstraße sehen lassen und die Mädchen, die aus der Spinnstube kamen, haben ihn gesehen, um dann Hals über Kopf in die Häuser zu stürzen.

In der Angermünder Gegend sollen drei Kartenspieler oft den Besuch des Dreibeinigen erhalten haben. Wenn sie gar zu lange bei der Karte saßen, ist er ins Zimmer gehüpft. Das ist dann für sie das Zeichen zum Aufhören gewesen. In P. haben die Frauen des Morgens, wenn sie aufs Gut gingen, um zu melken, ein Kalb gesehen, das ihnen bei der sogenannten Krötenbrücke entgegen gesprungen kam. Anders wieder ist der Kobold als Drachen oder „Drak" erschienen, ohne dass man vorher oder nachher eine Öffnung gesehen hatte. Manche sollen ihn auch aus dem Schornstein kommend gesehen haben. Eine feurige Kugel, ein paarmal so groß wie

eine Lampenglocke – wird erzählt – daran ein feuriger Schweif, so ist der Drak durch die Luft gefahren, zuerst über dem betreffenden Gehöft schwebend, dann über Nachbarhäuser und Scheunen, um schließlich im Schornstein wieder zu verschwinden. Er hat Korn aus des Nachbars Scheune geholt, um es seinem Herrn oder seiner Herrin zu übergeben. Deswegen soll ja auch derjenige, der einen Drak hat, nie Mangel leiden, aber auf unerklärliche Weise reich werden können.

WIE DIE FAMILIE Z. ZU IHREM KOBOLD GEKOMMEN IST

In een uckermärkischet Dörp – ik künn den Namen jo ook nennen – is'n Buernsöhn west, de het Z. heeten. De is in'n anner Dörp inlad west to Ball. He geiht ok hen un danzt da. Toletzt ober hebb'n se sich prügeln kräg'n, un Z. kreeg nich't dat wenigste.

He löppt no Hus un schimp't un schandiert ümmer vör sich hen. Dunn, met ees, begegnet em so'n kleiner Mann; de hürt dat met an un fragt em, wat he to schimpen harr?

126

„Ach da soll een woll nich schimpen", seegt Z. „Irst laden se een'n in, un naher kriggt een Schacht." Da het de kleen Mann em frogt, ob er em helpen sull. „Ja", het de Buer seegt, wenn er't künn, ja. Dunn hebb'n se sich beid up'n Grobenrand hensett't un hebb'n Kuntrakt mokt.

De Buer müsst sich blot ritzen un damet den Kuntrakt unnerschrieb'n. Nah'n Johr woll de kleene Mann – det is de Düwel west – wedder kam'n un den Buern sich holen. As se met den Kontrakt fertig wiern, soll Z. nah den Ballsaal torögg gahn un se all rutschmieten. Dat hat he ok dahn, un keener hat em wat anhebb'n künnt. Naher is he nah Hus gahn.

As nu dat Johr ümwest is, was ok de Kuntrakt aflopen, un de Buer dacht: „Wo wird det nu, wenn de Düwel kümmt, un will di holen!" In sin Not löppt he nah'n Prester un vertellt dem de Geschicht von dem Kuntrakt. De Prester wüsst Rat, he leet sin Studierstuw vull Erftstroh breng'n un Z. müsst sich darin setten. De Prester het nu bäd't, da met ees het't kloppt; det wir de kleen Mann. De Prester fröggt, to wem he wull?

De Düwel seggt: „To den Buernsohn Z."

De Prester antwort't: „Hier wier keen Z., hier wier bloßig 'n Gotteskind."

Nu het de Düwel merkt, det he em nisch anhebb'n künn. Dunn het he dörcht Schlötellock pruscht; dat

127

harr'n se vergäten totostoppen, un het ehr beid orndlich vullmakt. Un von de Tied an het Z. den Kobold hat.

Wie jemand Macht über den Teufel bekommt, dafür gibt es folgendes Mittel: Man muss einen pechschwarzen Kater in ein Fischnetz einwickeln und mit ihm in der Silvesternacht dreimal um die Kirche herumgehen. Jedes Mal puste man ins Schlüsselloch hinein. Beim dritten Mal wird jemand aufmachen. Man reicht das Netz hinein mit den Worten: „Ich bringe einen schwarzen Hasenbraten."

Währenddessen der in der Kirche den Kater aus dem Netz auslöst, muss man zu Hause sein, sonst ist man verloren. Vielleicht versucht es mal einer.

PATENWÜNSCHE

Ich wünsche meinem kleinen Paten,
Dass er möge wohl geraten.
Gebe Gott, dass er gedeihe,
dass sich Engel und Menschen über ihn freuen.

Ich wünsche meinem kleinen Paten,
Dass er möge wohl geraten,
Dass er möge lange leben,
Und den Eltern Freude geben
Dass er sei des Vaters Kron'
Und der Mutter liebster Sohn.

Gottes Himmels reicher Segen
Fall vom Himmel wie ein Regen
Über dieses kleine Kind,
Dass er möge wohlgeraten,
Dass er möge wohl gedeihen.
Uns und die Eltern zu erfreuen.

Fleuch die Sünde, lieb die Tugend,
Mach den Anfang in der Jugend,
Fahre fort und lass nicht ab,
Bis du kommest in das Grab.
So wird Dir der Höchste geben,
Nach der Welt das ew'ge Leben
und Dich führen aus dem Jammer
In die rechte Freudenkammer.

Hat das Kind das erste Lebensjahr vollendet, so erhält es von den Eltern einen Petersilienkranz, mit dem es zu den Paten gebracht wird, um deren Glückwünsche und Geschenke entgegenzunehmen.

DE OLL BRÖKER UN DE DÖRPBENGELS

Karl Heinz Waschke

So richtig olt wär Hannes Bröker jo nun mol schon nich. He süht blot öller ut as he an Johr'n up'n Puckel het. He red't nich väl, is'n stiller Mann. He har' jo ook düchtig wat awkrägen un müt nu dormit fahrig ward'n. He brukt väl Tied, üm up Trapp to komm'n. De Narben im Gesicht un een kaputt Been har he ut'n Krieg mit no Hus bröcht un de blewen. Wenn he gohn wull, brukt he sin Krück. Dunn geiht dat jo ganz good, wenn ook meist bannig langsam.

Sin Hüsung is man kleen awer fründlich. He harr et mol von sin Mudder öwernomm'n. Vater, de weer schon in'n ersten Weltkrieg nich no Hus komm'n. He is vermisst, so hit dat.

De Rangers im Dörp, dat weer'n woll ohn Abstrich Hannes, Kalle un Franz, de grod mol twölf Johr oll'n Bengels. Dat wüst'n nich nur alleen de Lehrers im Nachbardörp, wo de School noch aktiv wär, ook de Kösters un väl anner Lüd im Dörp, denn dat, wat de drech no de School vullstreckten, güng meist up Koh- oder Ossenfell. Se fanden ook Dinger rut, up de keen Anner käm. Ook de oll

Bräuer ward nich utloten. Se neckten em wegen sin Lopen. Awer he nahm et hen, tat jedenfalls so un beachtete se nich, manchmol drohte he ook mit sin Krück. Nur sin grot Schäperhun', de zerrte an de Lin, wull em bistohn.

He müsst em ständig straff holl'n und orbi murmeln: „Lot se man! De Jörn künn jo nischt dorvör. Hem'n wie et in uns Jugend nich ook mookt un de oll pucklig Berta geneckt, bit wi hörten, dat se een ganz schweret Los to trogen har."

Wenn de drech Bengels em upluerten, em Hinkefoot nannten, ihn neckten, „He loop doch mol ees richtig!", dann blieb ihm nur die Drohung mit de Krück, de mit veel Lachen, Spott und Nachahmung von Humpelei beantwortet wurden. Awer hüt, nodem se em wedder ees neckten un sich dunn ut'n Staub mooken wull'n, Hannes awer stolperte, henfiel, upschrie, sin Been fest hielt un jammerte: „Auaa-auaa!", dor ging he langsam to em hen. Der Hund müt sich hensett'n, he gehorchte. So künn he goot den Foot vom Jungen abtasten.

Er streichelte ihn un seeg to em: „Kaputt is wohl nüscht. Vielleicht is dat Been awer verrenkt!" He massierte vörsichtig dat Gelenk un ok den Foot.

De Jung sah immer noch mit ängstlichen Oogen to em up. De beid annern beholl'n den goten Awstand to em un'n Hund, bis he se reef:

„Nu kümmt mol ees her, helpt em! Min Hund un ok ik dohn euch nüscht. Awer ihr solltet den Fründ doch helpen nu Hus to komm'n!" De Bengels kiekten sich an. Se wär'n sich nich sicher, ob ehr de oll Bräuer wirklich nüscht mit sin Krück övertrecken ward. Vörsichtig un in klee'n Schritten kamen beid näher un ok ganz dicht an em ran. Nu künn he se beid inwiesen, wie se ehr'n Fründ unnerstützen künn'n. Dat klappte ook. So brachten se Hannes von de Unglücksstell weg un no Hus to sin Öllern.

Es vergingen ruhige Tage. Da bimmelte et an sin Gortendör. Dor hing een Glock. He kiekte dörch en Fenster un saä de dree Bengels.

Langsam ging **he no de Dör, een Pitsch** hearr he ook all **in** de Hand, stellte **se** awer wedder wech. Een Stimm kam **bi** em an.

„Opa Bräuer **wir** wollen uns entschuldigen! Ehrlich! **Wir** wollen nichts **Böses** mehr rufen!" **Dunn** weer et wedder **ruhig.**

De Bengels awer stünn'n no dor un kiekten up de Erd. Se truten sich nich Opa Bräuer in de Oogen to kieken. He öffnete langsam de sit veel'n Johr'n een beten knarrende Dör.

He säd: „Kommt rin. Wir wull'n reden, nur mol reden. Ihr sät wat, un ik vertell euch, wie ik et zum Hinkefuß brachte, wie dat in min Jugend passerte un warum." De dree hörten een lang Geschicht von een jungen Burschen, der in den Krieg zog un schwer verwundet no Hus kam, un no dem een ganz anner Leben führen müt. De Ogen von de dre Bengels wurden immer gröter. Se schämten sich binoh, sahen em jetzt mit ganz anner Ogen an un blickten fast no un'n up'n Footboden.

„Nu is mool goot", säd he. Ik weer, wi ihr jetzt wisst, ook ees jung, vörlut, frech un ook dickfellig. Viellicht sin de Krücken eene Strafe vom lieben Gott." „Nee, nee, nee! Dat har he sicher nich mookt!", säd de kleen Kalle. „Euch wird er auch nicht strafen! Dat mookt he nich. Kommt ruhig ees wedder to mi, wir künn'n noch väl vertell'n, un ik denk, tosammen ook wat ganz Interessantes mooken."

Dat taten se ook. Se kamen öfter, fragten sogar, ob se wat helpen künn'n. Eenes Tages säd oll Vater Bräuer: „Nu wull'n wi doch mol ees seh'n, wie dat annersrüm geiht." He winkte ut sin kleen Werkstatt, een Anbau an't

134

Hus. Se passten awer all rin, harr'n ook Platz, üm dorin wat to moken. „Wer to kleen is, müt sich'n Kist unner de Föt stell'n", säd he. He mookt de Dör von een bannig ollet Vertikow up un treckte den Rumpf un de Tragflächen von einem Flugzeugmodel rut. Mit een poor Handgriffen baute er die Teile tosammen.

„Sowat hebb'n wi früher ook alleen but." De dree Burschen staunten nich schlecht. Se säg'n keen Ton. „Wat meint ihr, wird dat Ding noch alleen fliegen?" Se kiekten sich an un zuckten mit ehr Schulter. „Dunn möt wi dat doch mol ees versöken. Een von euch möt den Segler tragen. De Abhang hinner den Gorten künn de richtig Startbohn sin. Dor wull'n wi dat versöken! Denn los!" Hannes möt dat Modell vörsichtig trogen. De Abhang hinnern Gortentun, wo et ook een kleen Dör geew, wär vör den Start des Seglers wie hergerichtet. „Hier hew ik as Bengel dat Ding ook starten loten. Nu hört to!" He gew Anleitung, wie se dat mooken sull'n. Hannes möt toerst ran. He mookt een kleen'n Anlop un ließ den Segler los. Dat Ding flog een ganz En öwer de Wies runner. Se jubelten un freuten sich. Eener nach'n annern schickte den Segler up de Reis. „Wett'st", seggt Hannes, „mi mookt dat mit dat Flugzeug veel mehr Spaß as de oll Lüd to argern." Oll Vater Bräuer schmunzelt, als de Bürgermeister em frogt:

„Wie hast Du denn dat mit de Bengels so henkreegen, dat de sogor di to Hand gohn un ok no din Gortenwech harken?" „Jo, Bürgermeister, ik glöw ik hew et schluckt, man sull woll ook mol an sin egen Kind un de Jugendjohr'n denken."

DE SPEGEL SEGG'T DI WAT

Karl-Heinz Waschke

Nun kiek schon in den Spegel rin,
dreh di nich wech, denn dat büst du.
Un ganz gewiss keen Anner.

Das Bild is ehrlich, man künn't sehn.
De kleen brun'n Flecken un poor Fältchen,
komm'n meist von ganz alleen.

Nick aw dien Bild un seeg to di:
„Wat wull ik denn, so wie ik utseh,
is min Antlitz doch noch top okay!"

EIN RUF

Heinrich Jordan

Ich rufe Dich an und frage mich:
Warum kannst Du nicht hören?
Denn jedes Wort von mir erklingt,
als sei es gut zu spüren.
Betrübt, so frag' ich:
Muss das sein?
In unserm kurzen Leben?
Denn jeder ist für sich allein,
kann Anderen er nichts geben.

DE SPITZBOOW

Max Lindow

Juchhe! Is dat een Hochtied.
Na. Wer ik doch dorbi. –
De rieke Heinrich friegt hüt
Den Schulten sein Marie.

Heijeh! Wat schriggt die Friedel
Wo geiht de Fleut so söt,
De ollen Rockschöt fleegen,
Un allents drehgt de Föt.!"

Nost sitten se bi'n Broden
Un bi de Höhnersupp;
Denn Schultenmudder dröggt hüt
Man bloot van'n Besten up

De Armut litt hü tobend
Hier ganz gewiss keen Not.
De kaut mit vullen Backen
Vör'd Dör dat Rießenbrot.

Det Nachtens üm Klock twölwen
Dor giwwt dat een Hallo!
Dunn kreeg de fleut dat Schwiegen
Un ook de Baß hört to.

Wohen nu mit den Racker
Dat Spritzenhus is schlecht! –
 Dunn hett denn ees de Köster
Een wohres Woord mol seggt.

„Ik loop un hol den Schlötel
De Torm is fast un dicht.
Un springt de Dreew ut d' Luken
Denn föllt he sich tonicht!"

Hurra! weer dat een Lewen!
De ganzen Hochtiedsgäst
De Brut mit Kranz un Schleuer
Sind mit no'n Kirchturm west!

Un as de olle Spitzboow
Erst Nummer Seeker weer,
Dunn danzten se van frischen
Un Drünken Wien un Beer.

De Deew seet nu in'n Düstern
Em weer nich good to Moot,
De Flerrermüs' de flögen
Em driest üm Kopp un Hoot.

DAT WEER MAN BLOT EEN IRRTUM WEST

Karl-Heinz Waschke

„Hee Manne, kreeg man di ook ees wedder to seh'n." Manne, so het man em in de Scholl immer ropen. He trampelte von dat een Been up anner. Sin Tied weer man kort. Doch de Fruenstimm weer em no ganz goot in sin Erinnerung. Dat künn blot de ees ümmer vörlut awer ook früher all goot gebut Lotte sin. De Bengels weer'n da schon hinner ehr her west. He sülbst so ook. De Stimm riss em rüm. „Nu kiek ees, kreeg man di ook mol to seh'n?"

„Dat freut mi awer, Lotte!"

„Et is ook all lang her!", sät se un glubschte em mit ehr'n bluen Ogen an. „Dat freut mi awer ook. Du kümmst mit hüt ook grood richtig. Hest doch vör mi un mien Lütte in'n Kinnerwogen 'n kleen Moment Tied, passt up em up? In de Kophall kann'k doch nich mit em herümkurven. Dor stött man jo överall an un dat geew dunn ook noch Ärger." Se blinzelte un kloppte em dorbi sacht up sin Schulter. „Min Mann müsst jo ook gliks komm'n. He is up de anner Straßensiet in de Sparkass."

„Najo, 'n poor Minuten hew ik schon Tied, awer du müsst' di ook rannhol'n."

„Goot dat mook ik!", säd se, dreiht sich üm un weer wech. He schow den Kinnerwogen bäten an de grot Schaufenster ran, üm so ook mehr ut de Reih von de an em vörbilopenden Footgängers to komm'n. Kum har he 'n richtigen Platz fun'n, dor keem ook schon sin Arbeitskolleg angestürmt. De künn sich kum noch stoppen, stött dorbi ook kräftig an den Kinnerwogen, kiekte rin, dachte an sin Vullbart un zuckte toröch. De Jung in'n Wogen fing luthals an to plär'n!

„Wett'st, ik glöw, de Kleen müsst ees ut'n Wogen rut", seggt he. „Du müsst em up'n Arm nehm'n. He wull wohl wenig betütert ward'n. Vielleicht het he awer ook de Büx vull!"

„Dat künn schon sin", seeg Manne. He nahm em up'n Arm. „De Büx is dröch", seeg he un hob em in de Höh. Dat weer wat vör den klee'n Mann. He juchste so lut he künn un strampelte mit de Been. In sülbigen Ogenblick bekam Manne ganz plötzlich eene geschallert. Binoh harr he den kleen'n Burschen fall'n loten.

„So siehr dat also ut, wenn du arbeiten gohn deist un vörher keen Tied häst! Awer mit dien Jung'n up'n Arm kast noch herüm speel'n! – Na dat is'n Ding."

„Ne, ne, ne! Et is nich so, wie du denken deist!" Manne wull noch losreden.

„Und worüm hest du em upn Arm?", knurrte de Frau.

„Na he heulte ganz lut. Da hebb'n wi dacht, wenn he in de Welt kik'n künn, wird he de Schnut holl'n. Dat het he jo denn ook mokt."

De Uplauf ward ümmer gröter. Ook de Lotte keem anjerannt, se kreeg een bannigen Schreck. „Wat speelt sich den hier aw!", schmetterte se los un stött de Lüt beisit.

„Piepen Se noch richtig!"

„De Frau glöwt, dat et sin Kind ist", muckte de Freund up.

„Awer dat is doch Quatsch. Wie beid sind tosammen in de School gohn, weer'n in deselbe Klass. Hüt sind wi uns grot övern Weg loopen, hebb'n red' un he sull grot mol een Ogenblick up min' Jung'n uppassen. Ik künn mit'n Kinnerwogen schlecht in de Hall herümkurven, un se künn'n mit min Kind ook nich moken, wat se wull'n. He is un bliwt min Jung. Manne un ok se hebb'n överhaupt nüscht mit em to dohn. Viellicht künn he dat begriepen!" Se seeg to Manne hen: „Be di kann'k mi bedanken."

„Wat giwt et denn hier to seh'n", dröhnte urplötzlich noch een anner, kräftig Männerstimm. „Wat wull de Frau mit min'n Bengel up'n Arm? De wull em doch nich etwa klauen?"

„Ne, ne!", beschwichtigte sin Frau den anstürmenden Gatten. „Dat is nur min Schoolfründ, de het up uns Jungen uppast, damit ik schnell wedder ut de Hall kommen künn."

„Jo un nu harr sin Fründin dacht, der weer sin Kind, von dem se nüscht wüsst. Se het em kräftig eene knallt, un wull em verloten." Se geew den klee'n Jung'n an den Papa wierer.

Dat mi dat mit dem ‚Bino' mitten up de Strot passeren müt, is schon een verrückt Ding. Awer so is dat, wenn man selbst keen Tied het. Awer et is jo nu ook allet goot awlopen un de Tokikers hebb'n to Hus düchtig wat to vertell'n.

DE GEHEIM VERTELLSEL

Regina Libert

Dat Telefon bimmelt. Ik stört in't Wohnstuw un kiek mi üm. Wo is denn blot de doemliche Hörer? Sökend loop ik dem Jebimmel näh. De Flüstertüt liggt unner'n Stopel Tietung'n un bibbert, bis ik dran bün.

„Ja, hier Teilnehmer?", segg ik, denn ik meld mi schon ut Vörsicht nich met min Näm, man künn jo nie weten, wecker Minsch am anner'n End is. „Hallo?", segg ik wedder, ower keen Antwurt ist to hör'n. Dor Röp ik noch eens: „Hallo?" Un dor schalt sich glicks een Anrufbeantworter an.

„Auf Ihrer Box befinden sich 24 Anrufe. Bitte drücken Sie Acht, um die Anrufe zu bestätigen."

„Die Acht", wedderhol ik grübelnd un bün nieglig, wer mi da allst anropen wull'n.

Wi hebben dorch glicks, as ik mi dat schnurlot Telefon köfft harr, denn Kasten foer de Upnahmen afstellt un nu quält mi wedder desse umständlich Technik. De oll Apparat weer väl bäter. Där koent ik glieks die Anruf abroopen odder min Antwurt rupspräken. Dort wüsst ik immer, woran ik wär. Komisch, dat de Tüftlers nie an de Kun'n dinken dän, denn de Gebruchsanwiesung gifft mi Rätsel up.

Ik bekiek mi dat Telefon un steck min Arm ut, ower de is väl to kort. De Täl'n looten sich nich tell'n un se lüchten ook nich up. Ik bruk de Brill.

„Drücken Sie die Acht", spräk mi wedder de Stimm ut Flüstertüt an.

Düwel noch eens, wo find ik desse Tol up dat Ding! De Stimm drieft mi un ik drück fix twischen de Tasten in de Mitt. Nu mütt ik de Acht droopen hebb'n, denn de Stimm befählt mi wedder.

„Geben Sie bitte sechs Zahlen ein, um ihre Tefefonbox vor unbefugtem Zugriff zu schützen!"

Vör'm Togriff, hm, dat hört sich man nich doemlich an, awer worüm mütten dat glieks söss Tolen sin? Ik kraz min an'n Kopp un öwerlech mi söss Tolen, de mütt ik mi awer upschriewen, de kann ik nich beholl'n. Min Oogen durchsöken de Wohnstuuw na de Brill. Keen Help in Sicht. Wo driewt de sich nu wedder rüm?

„Geben Sie bitte sechs Zahlen ein", seggt de Stimm nu unfrünnlich, wie mi dünkt.

Dor fällt mi de Geburtsdag von min Brorer in. De het am 11.11.19. Dat sin fief glieke Tolen un de Nägen noch dorto. Dar röddelt mi wedder de Stimm up. Ik drück fiefmol up de eens un will ook no de Nägen griepen, dor säd dunn de Stimm:

„Sie dürfen nicht die gleichen Zahlen verwenden!"

Dat Ding möckt mi narrisch, denn mi blifft keen Tied, anner Tolen to söken. Min Finger tippen krüz un quer up dem Hörer rüm, un ik erwisch de Utschalz-Tast. „Knack!", seggt de noch un is nu bannich ut. Dat heff ik nich wullt. Wie künn ik nu an de Vertellsel ran? Dat Telefon schwiegt de anner Tied öber ümmer still. Awer nu bün ik nieglich, wer mi anropen het.

EINSAMKEIT

Heinrich Jordan

Allein zu sein auf dieser Welt, allein zu sein, das ist schwer,
das ist doch keine Schande, weil keiner da zum Reden.
Nur ist es manchmal still ums Herz. Wieso passiert es Dir
und Mir?
Es fehlen dir die Hände. Ich werde alles geben.

Allein zu sein und nicht allein, allein zu sein, das tut oft
weh,
das wär ein wahres Wunder, doch gibt es eine Hoffnung,
doch wer ist dazu bereit? – Denn über uns ist eine Macht,
eher geht die Welt noch unter. Die glaubt an unser Leben.

„Ik hew di seggt, bliew treu un stark, dunn hest ook Platz int
Uckermark."

AWER ANDERS GING DAT NICH

Karl-Heinz Waschke

Dat grote Hallentor polterte un quietschte un schlog lut to. Ook de Sireen stött grot ehr'n korten Ton rut. Hinnerk schwang sich up sin Drahtesel, trampelte ees kräftig to un wär binoh' vull up sin schnut sust. Dat Hinnerrad ging in de Höh. He künn sich grod noch so mit een Knie awstützen. Dat Vorderrad harr sich nich dreht.

He schnaufte un zeterte lut los. „Wedder so'n Schiet! Wat is denn blot mit dit Fahrrad los? Dat Vorderrad quietscht un schurrt, dreiht sich all wedder man blot een ganz kleen wenig. Jo un wat nu!" Sin Frau harr em seggt, he sull hüt mol ees pünktlich no Hus komm'n, se hett mit em wat ganz Besonderes vör. Wat dat wär, harr se em nich seggt. Un nu künn he hier wedder schlecht wech. He hing fest. De Werkstatt is to un de Nachtwächter wär irgendwo up dat grote Gelände. Den kreeg he ook nicht to foten.

He stünn dor un künn nich för'n. Dat Vorderrad dreiht sich mol wedder nich. Wat harr he dormit all mokt. „Verflixt un tonäht! Wat mook ik denn nu?", säht he lut to sich alleen.

„Nu jammer mol nich rüm, dorvon dreiht sich dat Vörderrad ook nich. Du kast jo ook mol ees beten, vielleicht klappt et dunn!", nuschelte sin Kumpel de an em vörbi schlenderte, awer nich henkiekte. „Häst wedder mol vergäten, de kleen Werkzeugtasch an't Fahrrod tobammeln. Wie oft hew ik di dat all seggt! Nu steihst all wedder dor un brummelst vör di hen. Et ward langsam düster, du müsst schon loslegen, süs kast dien Rad up'n Puckel nehm'n!" He zuckte mit de Schulter, wackelte mit'n Kopp un schlenderte langsam wierer, he nörgelte dorbi vör sich hen, wat Hinnerk nich verstohn künn.

„Mensch Manne, ik heff wirklich keen Tied, ik möt no Hus, min Frau töwt up mi! Dat hier duert doch nich lang. Is doch man bloot een korter Moment!" Manne wackelt mit'n Kopp, nörgelt vör sich hen un bliwt dunn awer doch stohn.

„Mensch dien Drahtesel het awer ook immer wat, säd blot keen, dat du een Schlosser büst! Awer hüt müt et bannig fix gohn, ik hew et ook ilig!" Se mooken sich an de Arbeit. He fummelte un fummelte un rutschte dorbi mit de kleen Taschenmesserkling immer wedder aw. Doch Manne schaffte et, den kleen'n Stab wedder fest un dat Vorderrad drehbar to mooken. „Prima! Nu sitt di man hin'n up'n Gepäckträger, dunn stuckern wi beid los."

150

Manne schwang sich up dat Gestell, hob de Been un lot sich schunkeln. Hinnerk trat so kräftig in de Pedal, dat Manne up dat Gestell hin un her wackelte. „He, he, he! Nu strampel man nich so dull! Ook wenn wi beid keen Tied hebb'n, up de Schnut will ik nu awer ook nich noch susen. Bi een nächst Mol', hör schon to, da heff ik awer wirklich öwerhaupt keen Tied, dat seeg ik di hüt all. Da müsst du di denn din Karr ganz alleen no Hus schuwen."

DE SILVESTERSCHOCK

Regina Libert

To Silvester kämen Frün to Besök. Wi sin int Theater loopen un werrer no Hus. To Hus wull Bert Karten späl'n. As em dat wielig west, seggt he to mi: „Wisst du nich raten, wekker Karte ik hochhull?"

„Nee, dat wull ik nich", seeg ik. Öwer he loot nich locker.

„Nu teich mi doch din ‚sensible Fähigkeiten'. Wenn'd een Hex bist, müttst du dat doch koenn." He is beduselt,

151

de Flaschen sin leer. De Klock wes kort voer twölben. He sitt voert Finster un is bannig antütert. Buten is dat düster, un ik koen nu sin Kart int Finsterschieb bekiken. Dat mok ik mi to Nutz. Ik seeg em all sin Kart an!

Da wart he narrisch: „Ne, dat koen nich sin, du bist een Hex, du bist een Hex! Nee dat hull ik nich ut, nu will ik glicks no Hus. – Din Ogen in min Mors!"

Nä nu, wat brabbelt he dor voer sich hen?, dink ik. Awer ik künn em nich mehr beruhigen, he glöwt, ik koen hexen.

WEIHNACHTSWUNSCH

Heinrich Jordan

Weihnachten, das Fest der Liebe,
so glaubt und hofft man immerdar,
wenn's in Wahrheit so was gäbe,
das wär herrlich wunderbar,

Doch wie immer ist's ernüchtern,
wenn man nicht die Wirklichkeit,
weil es niemals auf der Erde,
nur Frieden gibt und auch Freiheit.

Ach es ist ja noch viel schlimmer,
wenn die Botschaft uns erreicht:
Kriege gibt's und gab es immer,
statt Frieden, der für alle zählt.

Sicher mag ich auch die Töne,
die schön, so friedlich sind.
Doch die Wirklichkeit alleine
zeigt, wie weit entfernt wir sind.

DE 80. GEBURTSTAG

Regina Libert

Min Mudder harr Geburtstag. Se het bannich so väl Johrn up dem Buckel un ward nu achtig. Min Schwister un ik hebb'n uns Rimels öwer se utdinkt. Wi wull'n ne grood Fier foer se mooken un se oewerraschen. Dorto heffen wi väl Gäst inloden. Se sall im Middelpunkt stohn. Wat dat allst to äten un to drinken gifft, harr se im Kraug bestellt. As Öwerraschung sall de Odelsfamilich ut dem Dörp kümmen. Wo heet de man noch? Ach jo, dat wessen derer von Wedel! Is nu de Läser niechlig, wat wi do allst inloden hebben? Brukt he nich, wi willen de Mudder un de annern Gäst bloot een bäten unnerholl'n, un dat Theoter-Stück öwer de Odelsfamilich foer den Geburtsdag schriew ik sülwst.

De Dag rückt ran. Wi loopen um de Middagstied tum Kraug un väl Lüüd, de inläden weest, sün all dor. Toerst gifft dat wat to äten. Keen Nudelsupp, nee, een grood Menü met Fleesch vom Broden un Patüffteln met Botterstipp un Petersill. Dor koen't sich all Gäst to hoegen. Dorno hüer'n sich de Lüüd uns Riemers an. Ower de Mudder luert up de letzt Gäst. An'n Nomiddag

154

kümmen de anföhr'n. Nu gifft dat Tort un Koken, de uns Mudder selbst backt het.

Se weer een good Koeksch un jerer Gast lowt se luut. Muddern is tofreden, denn se het sich väl Möch gifft. Se weet, wat good schmecken deit. Ook de Mitspäler foer dat Theoder-Stück sin nu indroopen. Se sitten up de Bühn hinnern Vörhang un möten sich ümtrecken. De öllerst Enkeldochter Karen kümmt met eer'n Mann Tom von de Küst. Ower Tom wull dat Kostüm ut de Barock-Tied von de oll Odelsfamielch nich antrecken

un mult rüm. Karen möt em helpen un sitt nu vör em, pussiert von Tied to Tied met em rüm, trecht em de witten Kniestrümpf an, un räd dobie met väl Geduld up em in.

„Nu trech dat Tüch bloot an, wi wull'n Grootmudder doch een Früd moken un du süst met dem rooden Samtrock so schier ut. Nu sei een bäten leew un trech't an!" De jüngst Enkeldochter Inga mult ook. Se wull mit Tom Menuett danzen, ower de Schritt dafoer möten se noch prowen. Nu steit se met'n schiew Schnut un töwt up em. In dem nogelniege Barock-Kostüm, dat se anhet, süd se nüdlich ut. Glieks gifft dat noch annern Ärger, denn nu kümmt eer Brorer hinnern Vörhang. Mitspälen wollt he nich, ower as he se barfoot in dat grööjäle Kleed loopen sicht, red he doemlich un lacht, dat em de Buk wackelt, dann seegt he to eer: „Dat Mäken is söt, ower de Fööt, de Fööt." Wi annern schimpen em ut un schmieten em rut. Tum Dörchspräken von de Theoder-Stück bruken wi Ruh.

Ower dorto kümmt dat wedder nich, denn nu steit min Mann midden in de Prow un driewt uns all an: „Lot, lot, ji möt rut, de Mudder het sich all wunnert wo ji sünd. Ji künnt nich buten bliewen, se is ook een bäten antütert un harr no de Famielch roopen."

„Geih to eer, sei een leew Swiegersöön un vertell eer wat anners, unnerholl se een bäten!", rööp ik, ower he löppt tum Diskotheker un de lecht glieks de Musik von dat Menuett up. Dorto seggt he luud to Mudder'n un de Gäst:

„Uns Odelsfamielch von't Dörp harr sich anmeld tum Gratulier'n!"

AS IK NOCH'N JUNG WEER

Max Lindow

As ik noch'n Jung weer
Een Jung van Tohus
Wat was dunn mien Kopp rund
Un mien Hoor schwart un krus.

As ik noch'n Jung weer,
Dat weer noch een Tied:
De Holtschoh to füllig,
De Hosen to wiet!

As ik noch'n Jung weer,
Keen Boom weer to hoch!
Keen Groben to breet, uns
Wi schaffen em doch!

As ik noch'n Jung weer,
Ik denk väl doran
Un kann't nich vergehten –
Un dröm gor dorvan.

WER WAR EIN BÜRGER?

Als Bürger (im Lat. civis, urbani, burgenses) bezeichnete man im frühen Mittelalter die Bewohner einer Burg und Ansiedler neben befestigten Bischofskirchen. Erst das Hoch-Mittelalter stellte die Sinnverbindung zum freien städtischen Bürgertum her.

Volles Bürgerrecht konnte erworben werden, indem man einen Bürger-eid ableistete, der zu Treue und Gehorsam gegenüber der Stadt verpflichtete.

Das Bürgerrecht wiederum beinhaltete zum Beispiel das Recht zu städtischem Handel und Gewerbebetrieb, Freizügigkeit, das Erbrecht, den Schutz durch die Stadt, die Teilnahme am politischen und sozialen Leben. Voraussetzung dafür war Sesshaftigkeit, das heißt Erwerb von Grundbesitz innerhalb der Stadt. Im Spät-Mittelalter und in der Neuzeit wurde der Bürgerbegriff erweitert (im Lat. status civilis). Er war jedoch noch ständisch interpretiert und auf eine bestimmte Bevölkerungsschicht bezogen, der Bürger gehörte weder zum Adel noch zur Bauernschaft. Die Französische Revolution (1789) brachte die Gleichsetzung des Bürgertums mit dem Staatsbürger.

BS

Ich, Hermann H., gelobe und schwöre, dass ich, nachdem ich von einem Hoch-Edeln Magistrat zum Bürger angenommen worden, seiner Königlichen Majestät von Preußen, meinem allergnädigsten Könige und Herrn, getreu und unterthänig, auch einem Hoch-Edeln Magistrat dieser Stadt gehorsam und gewärtig seyn will. Ferner schwöre ich, das Beste dieser Stadt und Bürgerschaft nach meinem Vermögen zu befördern. Schaden und Nachtheil abzuwenden, und alle mir als Bürger obligende Pflichten gewissenhaft zu erfüllen.

„DEN UCKERMÄRKER GIBT ES NICHT"

(PZ, 25.5.1960 B. Rengert) „Wer im Glashaus sitzt, sollte nicht mit Steinen werfen." Das bestätigte sich auf der Tagung des Uckermärkischen Geschichtsvereins (wir berichteten). Emotionsgeladene Diskussionen um die „Greencard" lassen schnell vergessen, dass schon der Große Kurfürst „Fremde" ins Land holte. Sie wurden sesshaft und sind unsere Ahnen. Der „Brandenburger ist Europäer", antwortete darum auch Jürgen Theil, Vorsitzender des Geschichtsvereins, auf die Frage nach der

Herkunft. „Genau das verdeutlichten die neun Referenten den knapp achtzig Tagungsteilnehmern auf anschauliche Weise. Der Vortragsmarathon spannte den Bogen von der Mitte des 12. Jahrhunderts bis zur unmittelbaren Vergangenheit. Sie kamen „von Swaven" und „vom Rine", die Sachsen, Franken, Schwaben, die Holländer und die Flamen, die sich nach dem „Wendenkreuzzug" 1147 in der Mark ansiedelten, sich mit der slawischen Bevölkerung vermischten.

Die Aussicht, hier von der Leibeigenschaft befreit zu sein, lockte auch Mecklenburger. Schweizer Glaubensflüchtlinge kamen, und bis 1700 wanderten 14 000 Hugenotten nach Brandenburg ein. Mit den Franziskanern zogen sicher auch Italiener ins Land.

Die Soldaten in den Garnisonen stammten ohnehin aus halb Europa. Flucht und Vertreibung nach dem Zweiten Weltkrieg brachte neue Umwälzungen. Wie wenig abschließend selbst diese Fülle von Einflüssen auf die „Herkunft" der Brandenburger ist, verdeutlichten andere Ausführungen. Der rapide Bevölkerungsschwund einerseits und die Rückkehrbewegung andererseits, verbunden mit der Ansiedlung von Spätaussiedlern, sind dagegen Einflüsse der Gegenwart, die sich künftig auswirken werden, bei der Tagung aber nur am Rande Erwähnung fanden.

„Den Brandenburger", auch „den Uckermärker" – das wurde deutlich – gibt es nicht. Wir sind längst Europäer, die sehr wohl eine Heimat haben und eigentlich schon von unserer Herkunft her den Toleranzgedanken leben müssten.

ZWÖLF KERZEN

Karl-Heinz Waschke

Es war anheimelnd warm in dem kleinen Wohnzimmer. Die herein-brechende Dunkelheit ließ die wenigen Gegenstände im Raum verschwimmen und verschmolz auch die beiden eng aneinander geschmiegten Körper auf der Ofenbank zu einem schemenhaften Gebilde.

„Hohe Nacht!" Sie lachte heiser und presste das Kind neben sich noch fester an ihr Herz, so als müsste sie es schützen, bewahren vor Gefahren, die ihr in diesem Hause begegnen könnten, in einem Hause, das sie noch nicht kannte, das ihr noch fremd war und nun doch Heimat sein sollte. Vor wenigen Stunden erst waren sie hier eingezogen. „Glück und Frieden!", hatte der

Bürgermeister des Ortes beim Überschreiten der alten, ausgetretenen Schwelle gewünscht, und nun saßen sie hier, den Rücken an die warmen Kacheln gepresst, auf der knarrenden Bank, die irgendjemand stehen gelassen hatte.

Die junge Frau seufzte! All das Schwere, Leidvolle der Vergangenheit quälte sie immer noch. Sie sah den qualligen, dicken Hauswirt, der ihr den dicken Rauch seiner teuren Zigarre ins Gesicht blies und sie herzlos aus der Wohnung wies, die sie nicht bezahlen konnte, Monate schon nicht mehr! Sah sich mit ihrer Tochter Kerstin auf der Straße inmitten ihres wenigen Hausrates sitzen und spürte auch jetzt noch, beinahe körperlich, die Blicke der Bessergestellten, Satten und genauso herzlos Vorübergehenden und dachte an die, die ihr wortlos halfen, ins Frauenhaus zu gelangen. Und danach? Fest haben die Worte der Heimleiterin in ihrem Denken Fuß gefasst. Ein neues Leben sollte für sie und Kerstin, der Fünfjährigen, beginnen.

Doch nun war Heiliger Abend! Wieder waren sie allein, so allein wie auch in den Jahren zuvor. Wo war das, wovon die Heimleiterin gesprochen hatte? Wo war die Anteilnahme für ihr Schicksal? Die noch junge Frau löste sich aus den Armen des Kindes, stand auf, ging mit etwas schleppenden Schritten zum Lichtschalter.

Nacktes, kaltes Licht erhellte den Raum und ließ ihn trostlos erscheinen.

Die großen Kinderaugen folgten der Mutter, die am Fenster stehen geblieben war und auf die verschneite Dorfstraße starrte. Ein leichtes Klopfen an der Tür schreckte beide auf. Kerstin und die Mutter sahen sich an. – Sie erwarteten niemand.

„Der Weihnachtsmann?", fragte ganz leise das Mädchen. Ein älterer Mann betrat die Stube. Er lächelte freundlich, winkte der Mutter mit dem Finger und flüsterte der Frau etwas ins Ohr. Ungläubig sah sie auf den Fremden.

„Es ist wirklich der Weihnachtsmann!", flüsterte sie leise. Wenig später stapften sie durch den bereits hohen Schnee.

Der Klang der bimmelnden Glocke, der das Weihnachtsfest einläutete, begleitete sie bis in den Gemeinderaum, in dem sie voller Wärme aufgenommen wurden. Ganz still schauten sie auf die geschmückte Tanne. Der Glanz der Kerzen brach sich in ihren feucht werdenden Augen.

„Gnadenreiche Weihnachtszeit!" Aus übervollem Herzen kam das Lied. Sie waren nicht mehr allein, hatten Freunde gefunden, frohe Menschen, die sie in ihrer Mitte aufnahmen und teilnehmen ließen am Fest der friedlichen Gemeinsamkeit. Die junge Mutter sah den spielenden

Kindern zu. Zum ersten Mal erfasste sie deutlich die Schönheit und den Sinn des Lebens. Sie sprach nicht, sah nur auf den Baum und die Kinder, die alles um sich her vergessen hatten, sich ganz dem Spiel hingaben.

Doch die Gastgeber ließen ihr wenig Zeit, sich in ihrer Gedankenwelt zu verkriechen.

Eine Erzählung knüpfte sich bald an die andere, Lachen erklang und ihr wurde warm ums Herz. In ihre Wangen stieg ein rosiger Hauch. Oft wollte sie aufbrechen, doch man hielt sie fest.

„Noch nicht! Warten Sie noch! Der Weihnachtsmann ist noch nicht fertig!", riefen sie. „Noch nicht fertig!" – „Noch nicht fertig!", kreiste es in ihrem Kopf. Was sollte denn noch kommen? Hatte man sie nicht schon reichlich beschenkt, sie und Kerstin?

Ein leises Klinken drang durch die eisblumengeschmückten Fenster, kam näher und näher! Sie verstand nicht, warum gerade jetzt alles zum Aufbruch drängte. Kerstin, die einen kleinen Karton zu tragen hatte, stiefelte mit nicht wenigen Dörflern in Richtung ihrer Wohnung. Als sie eintraten, bekam sie kein Wort über die Lippen, obwohl ein großes Gefühl aufzubrechen begann. Was hatte man mit ihrer neuen Wohnung gemacht! Hübsch und heimelig war sie anzusehen. Nur am Baum fehlten noch die Kerzen.

Eine kleine Hand stahl sich in die ihre. Sie blickte sich um. Sie waren allein. Allein? Nie mehr!

Kerstin reichte der Mutter den gehüteten Karton. Zwölf kleine Kerzen enthielt der Karton, von jedem Helfer eine.

Beide gingen zum Baum, befestigten sie und nahmen, dicht beieinander, wieder auf der Ofenbank Platz. Der Schein der Kerzen erfüllte die Stube. Mutter und Tochter fühlten sich geborgen. Sie hatten ein neues Zuhause.

ÜBER DEN AUTOR

Karl-Heinz Waschke ist in einer Kaufmannsfamilie in Stettin und Prenzlau aufgewachsen. Der Besuch der Volksschule sowie der Beginn einer Lehre als technischer Zeichner, dazu die vormilitärische Ausbildung als Fünfzehnjähriger in einem Wehrertüchtigungslager, verbunden mit einer kriegsbedingten Verwundung beinhalten den ersten, ereignisreichen und weitestgehend bestimmenden Lebensabschnitt des Autors.

Langjährige Klinikaufenthalte, die bittere Einsicht, die Lehre nicht fortsetzen zu können, die Suche nach neuen

Karl-Heinz Waschke (links) bei den Störtebecker Festspielen

Daseinsinhalten, Tätigkeiten im Handel und in Verwaltungen sowie letztlich der erfolgreiche Abschluss des Lehrerstudiums schließen sich an.

Fast vierzig Jahre lang unterrichtete er Schüler in der Grund- und Mittelstufe, schrieb als Volkskorrespondent ganz nebenbei fünf Romane, zahlreiche Kurzgeschichten, Portraits, Reportagen und unzählige Artikel für die regionale und überregionale Presse und erarbeitete darüber hinaus eine dreibändige Dorfchronik, die ihren Weg bis nach Amerika und Schweden fand.

Seit wenigen Jahren ist er alleinstehend, nutzt aber trotz seiner nun schon weit über 80 Lebensjahre noch immer die Zeit zum Schreiben.

Weitere Publikationen des Autors (u. a.)

Die Spur des Ketzermeisters

– Historischer Roman

Wir schreiben das Jahr 1427. Der vierzehnjährige Josef wächst ohne Eltern in Stettin auf. Seine Mutter wurde auf dem Scheiterhaufen verbrannt, sein Vater verschwand spurlos.
Eine Namensliste, die ihm seine Mutter als einzige Erinnerung in einer kleinen Truhe versteckt hinterlassen hat, erweckt das Interesse des Ketzermeisters und eröffnet die Jagd auf den jungen Josef. Der einzige Ausweg scheint eine Flucht aufs Meer zu sein. Doch das würde bedeuten, seine Freunde, seine Zieheltern und nicht zuletzt seine Liebe zurückzulassen.

Taschenbuch – 13,90 Euro • ISBN: 978-3-7345-3686-1
Hardcover – 25,00 Euro • ISBN: 978-3-7345-3687-8
E-Book – 2,99 Euro • ISBN: 978-3-7345-3688-5

Vorwärts immer

In dem kleinen mecklenburgischen Dorf Korbitz werden Altbauern und Neusiedler vor eine große Herausforderung gestellt: Sie sollen in die LPG eintreten, ihren Besitz dem Kollektiv zur Verfügung stellen – mit dramatischen Folgen für den kleinen Ort.
Mittendrin muss der Lehrer Joachim Birk um seine Liebe aus Westberlin kämpfen und den politischen Zwängen entgegentreten.

Taschenbuch – 12,99 Euro • ISBN: 978-3-7323-6945-4
Hardcover – 21,99 Euro • ISBN: 978-3-7323-6946-1
E-Book – 3,99 Euro • ISBN: 978-3-7323-6947-8

Das Siegel des Fernhandelkaufmanns

– Historischer Kriminalroman

Prempszlow Anno 1468. Eine Stadt befindet sich in Aufruhr. Laurentz, der einzige Sohn der angesehenen Kaufmannsfamilie Draeger, ist auf dem Weg vom Stargarder Hansequartier ermordet aufgefunden worden. Geld und wichtige Dokumente wurden gestohlen. Christopher Morten, der Stadthauptmann von Prempszlow und sein Knecht, Melchior Strubel, nehmen die Ermittlung auf. Dabei geraten sie in Hinterhalte und beschaffen sich nebenbei wichtige Informationen. Hartnäckig verfolgen sie die Spuren, die immer deutlicher auf skrupellose Machenschaften der Draegerschen Konkurrenz hinweisen. Zudem gerät die Region in Unruhe, ausgelöst durch politische Konflikte zwischen den Pommern und Brandenburgern, die die Recherchen der Ermittler erschwerten, die Aufdeckung der Tat aber nicht verhinderten und den Tätern keine Chance des Entkommens boten.

Taschenbuch – 14,90 Euro • ISBN: 978-3866831018

Der Lokator des Zisterzienserklosters

Die durch seine Eltern verhinderte Liebe zu einer Unfreien treibt den noch jugendlichen Burggessessenen, Heinrich von Hahnenfels, in das Kreuzritterheer. Doch nicht etwa die erlittenen Strapazen, sondern die brutalen Handlungen an den Wehrlosen, die Grausamkeiten, Mord, Totschlag und Nötigung, seine wachsende Verzweiflung, die Suche nach der Nähe Gottes und die drängender werdende Bitte nach Vergebung waren es, die ihn in einem Zisterzienserkloster, abgeschieden von der Welt, Zuflucht suchen und das Gelübde sprechen ließen.

Taschenbuch – 14,80 Euro • ISBN: 978-3868630152

Zeitfracht Medien GmbH
Ferdinand-Jühlke-Straße 7
99095 Erfurt, Deutschland
produktsicherheit@kolibri360.de